# *Poesias do* PROFESSOR CHIMBINHA

## UM PROFESSOR FILÓSOFO E POETA

Editora Appris Ltda.
1.ª Edição - Copyright© 2025 do autor
Direitos de Edição Reservados à Editora Appris Ltda.

Nenhuma parte desta obra poderá ser utilizada indevidamente, sem estar de acordo com a Lei nº 9.610/98. Se incorreções forem encontradas, serão de exclusiva responsabilidade de seus organizadores. Foi realizado o Depósito Legal na Fundação Biblioteca Nacional, de acordo com as Leis nos 10.994, de 14/12/2004, e 12.192, de 14/01/2010.

Catalogação na Fonte
Elaborado por: Dayanne Leal Souza
Bibliotecária CRB 9/2162

| | |
|---|---|
| S586p<br>2025 | Silva, Miguel Nogueira da<br>    Poesias do professor Chimbinha: um professor filósofo e poeta / Miguel Nogueira da Silva. – 1. ed. – Curitiba: Appris, 2025.<br>    409 p. ; 23 cm.<br><br>    ISBN 978-65-250-7463-4<br><br>    1. Amor. 2. Filosofia. 3. Política. I. Silva, Miguel Nogueira da. II. Título.<br>                                                              CDD – B869.91 |

**Appris** editorial

Editora e Livraria Appris Ltda.
Av. Manoel Ribas, 2265 – Mercês
Curitiba/PR – CEP: 80810-002
Tel. (41) 3156 - 4731
www.editoraappris.com.br

Printed in Brazil
Impresso no Brasil

Miguel Nogueira da Silva

# *Poesias do* PROFESSOR CHIMBINHA
## UM PROFESSOR FILÓSOFO E POETA

Curitiba, PR
2025

**FICHA TÉCNICA**

EDITORIAL  Augusto V. de A. Coelho
Sara C. de Andrade Coelho

COMITÊ EDITORIAL  Marli Caetano
Andréa Barbosa Gouveia (UFPR)
Edmeire C. Pereira (UFPR)
Iraneide da Silva (UFC)
Jacques de Lima Ferreira (UP)

SUPERVISORA EDITORIAL  Renata C. Lopes
PRODUÇÃO EDITORIAL  Bruna Holmen
REVISÃO  Marcela Vidal Machado
DIAGRAMAÇÃO  Amélia Lopes
CAPA  Eneo Lage
REVISÃO DE PROVA  Gabriel Fernandez

# DEDICATÓRIA

Dedico este livro ao meu pai, Salustiano Nogueira da Cruz, à minha mãe, Maria Pereira da Silva, à minha madrasta, Maria Belém da Cruz, a meus irmãos, Osvaldo, Valdete, Nonato, Terezinha, Manoel, Maria Olinda, Reini, Reinaldo, Rosalina e Francisco Nogueira da Cruz, à minha esposa, Manoela Alves da Silva, ao meu filho, Christopher Nogueira da Silva, e a todos os meus ex-professores.

## AGRADECIMENTOS

Agradeço a todos que, de uma forma ou de outra, me inspiraram, incentivaram e me motivaram a escrever e a publicar este livro.

# SUMÁRIO

SER PROFESSOR .................................................................. 17
VAMOS SALVAR O NOSSO PLANETA AZUL ...................... 19
QUE É SER FILOSOFO PARA MIM ....................................... 20
MUDANÇA ............................................................................. 22
SE ACREDITO, EU POSSO .................................................... 24
CADA UM AMA DO SEU JEITO ............................................ 25
EXISTEM MÉTODOS PARA SE PENSAR MAIS E MELHOR? ... 27
DO OLIMPO AOS DIAS DE HOJE ........................................ 29
O DESCOMUNAL EXCÊNTRICO E EXTRAORDINÁRIO ..... 30
QUEM IRÁ CRIAR OU INVENTAR O QUE NÃO EXISTE? ... 32
SE EU FOSSE PRESIDENTE DO BRASIL .............................. 33
POR QUE TEMOS QUE SOFRER TANTO? ........................... 35
QUEM LÊ MAIS TAMBÉM SABE MAIS ................................ 37
PRECISAMOS SEMPRE NOS ENTUSIASMAR ..................... 38
O QUE É A POESIA PARA MIM ............................................ 40
A DOR E O PRAZER DE CADA UM ...................................... 42
APELO A TODOS OS ANJOS E SANTOS ............................. 44
A DOR NO MUNDO E EM NÓS ............................................ 46
A BOCA DO MUNDO ............................................................ 47
O DESTINO DE UM SER HUMANO ..................................... 49
AS MINHAS VIAGENS NOTURNAS ..................................... 51
EXCELENTÍSSIMOS SENHORES GOVERNANTES ............. 52
MIRAVÂNIA, CIDADE ESPERANÇA ..................................... 54
É MUITO BOM REVERMOS OS AMIGOS ............................ 56
O QUE ME CAUSA INSÔNIA ................................................ 57
HÁ MUITAS COISAS ERRADAS NO NOSSO PAÍS ............. 59
MINHA HOMENAGEM AOS COMPOSITORES .................. 61
O AMOR É UMA LINGUAGEM UNIVERSAL ...................... 63
A ESPERANÇA É A ÚLTIMA QUE MORRE ......................... 65
QUEM É JESUS CRISTO ........................................................ 67
QUEM É O ESPÍRITO SANTO ............................................... 69
MEU ESPÍRITO É LIVRE EMBORA EU NÃO O SEJA .......... 70
EU GOSTARIA DE SER PLENAMENTE LIVRE ................... 72
QUEM TEM EDUCAÇÃO NÃO AGE PELO INSTINTO, NÃO ... 74

PRECISAMOS DESARMAR OS NOSSOS ESPÍRITOS ............... 76
UMA BOA AMIZADE VALE MAIS QUE UM TESOURO ............... 77
O "BICHO HOMEM" MUITO ME ASSOMBRAVA ............... 79
QUEM PODE MAIS DO QUE DEUS? ............... 81
A VIDA É FÁCIL DE SER VIVIDA ............... 83
COMO SERÁ DO OUTRO LADO DA VIDA? ............... 85
NUM INSTANTE PODE ESTAR NOSSO CÉU OU NOSSO INFERNO .... 87
QUE PENA QUE ESTA VIDA É SÓ UMA PASSAGEM ............... 88
O QUE MEUS OLHOS NÃO PODEM VER ............... 90
AS PESSOAS QUE DEUS PÕE EM MEU CAMINHO ............... 92
O AMOR É CRIADOR DE TUDO O QUE EXISTE ............... 93
SÃO MIGUEL GUERREIRO ............... 95
ESTE MUNDO PODERIA SER UM PARAÍSO ............... 97
QUEM INVENTOU A DOR DEVERIA DESINVENTÁ-LA ............... 98
POR QUE CULTIVAR O ÓDIO? ............... 100
ELE É O REI DO UNIVERSO ............... 102
POR QUE NÃO SOMOS QUEM QUEREMOS SER? ............... 104
MUITOS GOSTARIAM DE SER LULA ............... 106
INSPIRAM-ME OS POETAS QUE JÁ PARTIRAM ............... 107
MEUS ALUNOS SÃO MUITO CRIATIVOS ............... 109
A TODOS OS MEUS QUERIDOS AMIGOS ............... 111
EU TAMBÉM TENHO UM SONHO ............... 112
NOSTALGIA DE UM CANDIDATO E DE UM ELEITOR ............... 113
EU AMO AMAR O AMOR ............... 115
O RICO E O POBRE ............... 117
O QUE SERÁ DO NOSSO AMANHÃ? ............... 118
O MEU EU NÃO É FEITO MAS FAZ-SE ............... 119
EU QUERO TER SORTE NO JOGO E NO AMOR ............... 121
O MALIGNO E O MAL NO MUNDO ............... 123
NÃO IMPORTA O QUE VOCÊ FOI NA VIDA ............... 124
UM DIA NÓS NOS AMAMOS DE FORMA DESCOMUNAL ............... 126
EU SOU UM MENDIGO SENHOR ............... 128
O PARAÍSO QUE EU SONHO ............... 129
AMEAÇAS, DIFAMAÇÕES E SEQUESTROS ............... 131
QUEM SOU EU? ............... 133
AO MEU QUERIDO PAI SALUSTIANO ............... 134
É POSSÍVEL MUDAR O MUNDO ............... 136
QUERO SABEDORIA ............... 138

A IGREJA DE CRISTO .................................................. 139
ABAIXO OS TORTURADORES ..................................... 141
AS MULHERES ............................................................. 143
BENDITO O FRUTO DO TEU ESPÍRITO ....................... 144
PRECISO E QUERO MUDAR ....................................... 146
APEOESP, UM SINDICATO COMBATENTE ................. 148
QUALQUER UM PODE NA VIDA SUBIR ..................... 149
DEUS ME ENTREVISTA ................................................ 151
BEM E MAL DUELAM .................................................. 153
O PAI QUE EDUCOU O FILHO DE DEUS ................... 154
QUERO OS MEUS DIREITOS ...................................... 156
EU NUNCA AMEI ALGUÉM ASSIM ............................ 158
O ESTRESSE NOSSO DE CADA DIA .......................... 159
A VIDA É MUITO CURTA ............................................. 161
O MUNDO É O SONHO DE DEUS REALIZADO ........ 162
ONDE ESTÃO VOCÊS? ............................................... 164
PRECISO FALAR MAIS ALGUMA COISA? ................. 166
MINHA INQUIETUDE .................................................. 167
DO NADA A ALGUMA COISA .................................... 169
AMBICIONAR É REVOLUCIONAR .............................. 171
GOTAS DO CÉU .......................................................... 172
PÁSCOA É PASSAGEM ............................................... 174
QUEM NOS LIBERTARÁ COMO MOISÉS E JESUS? .. 176
AFINAL, QUEM SOU EU? ........................................... 177
QUERO UM MUNDO NOVO ....................................... 179
COMO É GRANDE O AMOR QUE POR TI EU SINTO ... 180
UM DIA EU AMEI E FUI AMADO PRA VALER ............ 182
VAMOS SEMEAR AQUI PARA COLHERMOS NA ETERNIDADE ........ 184
TE AMAR É COMO UMA MÚSICA COMPOR ............ 185
QUANDO EU TE VI ..................................................... 187
O "SEM" DESTE MUNDO ........................................... 189
UTOPIA MIGUELINA ................................................... 190
AMANHÃ TUDO SERÁ DIFERENTE DE HOJE ............ 192
NASCEMOS PARA FAZER A DIFERENÇA .................. 194
SEJAMOS TODOS SAMARITANOS ............................ 195
QUANDO EU NÃO ESTIVER MAIS AQUI ................... 197
SOMOS O QUE PENSAMOS E SENTIMOS ............... 198
A CRIANÇA FERIDA QUE HÁ EM NÓS ..................... 200

| | |
|---|---|
| TENHO MEDO DO MEDO QUE ME APAVORA | 202 |
| GUERRA E PAZ | 203 |
| NÃO DEVEMOS VIVER SÓ POR VIVER | 205 |
| AME OU NÃO AME, DARÁS VEXAME | 207 |
| COM EDUCAÇÃO NÃO É PRECISO REPRESSÃO | 209 |
| PODEMOS IR ATÉ ONDE VAI NOSSO PENSAMENTO | 210 |
| O QUE AGORA EU VEJO | 212 |
| A EDUCAÇÃO QUE O POVO BRASILEIRO DESEJA | 214 |
| AS IDEIAS | 215 |
| REVIVER O PASSADO OU IDEALIZAR O FUTURO | 217 |
| BEM-AVENTURADOS OS QUE NÃO TÊM TERRA | 219 |
| SALÚ, O FUNDADOR DA PANELINHA I | 220 |
| PANELINHA | 222 |
| É PROIBIDO PROIBIR | 223 |
| SÃO PAULO DAS CHACINAS | 225 |
| ANJOS DA NAÇÃO | 227 |
| ONDE ESTÁ VOCÊ, MÃE QUERIDA? | 228 |
| AMOR DE MÃE É TUDO | 230 |
| DO OUTRO LADO ALGUÉM ME AMA | 232 |
| O SEU SANGUE ME LAVOU | 233 |
| REVELAÇÕES | 235 |
| PALAVRAS AO VENTO E AO CORAÇÃO | 237 |
| TE AMAR É UM SONHO REALIZAR | 238 |
| A VIDA É UM DOM ABSOLUTO | 239 |
| O QUE VOCÊ É PARA MIM | 240 |
| SOU UM SONHO FULGAZ | 241 |
| ESTE MUNDO É MUITO CRUEL | 243 |
| O QUE É E DE ONDE NOS VEM O AMOR? | 245 |
| MEUS DESEJOS | 246 |
| Ó SORTE, PROCURA-ME! | 248 |
| PREVISÕES | 249 |
| MARAVILHAS DA VIDA | 251 |
| QUEM É O HOMEM? | 253 |
| ME SINTO FELIZ SENDO PAI | 254 |
| DE REPENTE VOCÊ ME CONQUISTOU | 256 |
| BRINCANDO COM AS PALAVRAS | 258 |
| "NÃO MATARÁS" | 259 |
| MINHA VIDA É UM BOM LIVRO | 261 |

| | |
|---|---|
| DEPRESSÃO | 263 |
| FOME | 264 |
| NEGAÇÃO DA NEGAÇÃO | 266 |
| INSPIRAÇÃO, CADÊ VOCÊ QUE NÃO ME VEM? | 267 |
| O DONO DA PALAVRA | 269 |
| VOCÊ SOU EU E EU SOU VOCÊ, JESUS? | 271 |
| DUELO ENTRE O AMOR E O ÓDIO | 272 |
| BORBOTÕES DE EMOÇÕES | 274 |
| MUDAR OU CUMPRIR AS LEIS | 276 |
| SORRIR AINDA É O MELHOR REMÉDIO | 278 |
| O PODER DA IMAGINAÇÃO | 279 |
| ALIENAÇÃO | 281 |
| SOU MOVIDO PELO AMOR | 283 |
| SOU COMO DEUS UM MISTÉRIO | 284 |
| QUÃO FANTÁSTICA É A VIDA! | 286 |
| SOU CIGARRA E FORMIGA AO MESMO TEMPO | 288 |
| PARA ALÉM DE MIM | 289 |
| AMOR, O BOM VINHO DA VIDA | 291 |
| METAMORFOSEANDO | 293 |
| CADA UM TEM SUA HISTÓRIA PARA CONTAR | 294 |
| OS IMPEDIDORES DO PROGRESSO | 296 |
| O QUE NOS FAZ ETERNIZAR É A ARTE | 298 |
| VOCÊ É TUDO PARA MIM | 299 |
| O QUE HÁ DE MELHOR EM MIM | 301 |
| MAIS DO QUE CRIATURA SOU FILHO DE DEUS | 303 |
| POR QUE HÁ TANTA MALDADE NESTE MUNDO? | 304 |
| TUDO QUE ME CERCA ME ENCANTA | 306 |
| SINTO, LOGO SONHO | 308 |
| NÃO É NADA FÁCIL SER PROFESSOR | 309 |
| SORTE É PRA QUEM A TEM | 311 |
| SÓ TENHO QUE AO SENHOR AGRADECER | 313 |
| NADA MELHOR DO QUE TER MUITOS E BONS AMIGOS | 314 |
| DIGA SEMPRE "NÃO" AOS DITADORES | 316 |
| SOMENTE DEUS ME COMPLETA | 318 |
| O QUE ESPERAR DO FUTURO? | 319 |
| RECADO PARA QUEM NÃO GOSTA DE POESIA | 321 |
| MINHAS BATALHAS DE CADA DIA | 323 |
| SÓ SE VÊ BEM COM A ALMA | 324 |

| | |
|---|---|
| SER CRIANÇA É SER POTENTE | 326 |
| DEUS ESTÁ VIVO | 327 |
| PERGUNTAS QUE NÃO QUEREM SE CALAR | 329 |
| TENHO IDEIAS QUERENDO SER PRATICADAS | 331 |
| NOSSA MÃE DO CÉU APARECIDA | 332 |
| MEU PASSARINHO | 334 |
| MINHA BORBOLETA | 336 |
| O QUE FUI O QUE SOU E O QUE SEREI | 337 |
| A FLOR QUE MAIS CHEIRA | 339 |
| DESEJOS SONHOS E ILUSÕES | 341 |
| O VALOR DA MINHA ALMA | 342 |
| MEU AMOR POR TI É IMENSO | 344 |
| O QUE SERÁ DO NOSSO AMANHÃ? | 346 |
| VOCÊ MORA NO MEU CORAÇÃO | 347 |
| O QUE HOJE ME ENTRISTECE | 349 |
| SAUDADES DA MINHA INFÂNCIA | 351 |
| QUEM ME DERA SE... | 352 |
| PERGUNTANDO | 354 |
| TENHO MEDO | 356 |
| O HOMEM PERFEITO | 357 |
| O BRASIL PASSADO A LIMPO | 359 |
| BEBA SATANÁS DO SEU PRÓPRIO VENENO | 361 |
| A VIDA QUE EU NÃO VIVI | 362 |
| VOANDO NAS ASAS DAS EMOÇÕES | 364 |
| SOMOS UM FRÁGIL VASO DE BARRO | 366 |
| PEQUEI, SENHOR. | 367 |
| MENSAGEM AOS FORMANDOS DO LUSTOSA 2007 | 369 |
| NO DIA EM QUE EU PARTIR... | 371 |
| VOCÊ ME ENCANTA | 372 |
| OBRIGADO POR VOCÊ EXISTIR | 374 |
| DE SONHOS É QUE VIVEMOS | 376 |
| COMO É BOM ESTAR DO SEU LADO! | 377 |
| MEU CORAÇÃO BATE FORTE POR VOCÊ | 379 |
| DE AMOR É QUE SE VIVE | 381 |
| COMO É BOM SONHAR COM VOCÊ | 382 |
| EU TE AMO MAIS DO QUE A MIM | 384 |
| COMO É COMPLICADO AMAR! | 386 |
| AO TE AMAR AO CÉU EU FUI | 387 |

A TI AMO DO FUNDO DO MEU CORAÇÃO .................................. 389
HOJE NÃO SE DEVE MAIS "MATAR POR AMOR" ................. 391
VOCÊ NÃO ME CORRESPONDEU ............................................ 392
VOCÊ NÃO ME AMOU COMO EU TE AMEI ............................. 394
TEU AMOR É A MELHOR COISA QUE EXISTE ........................ 396
POR QUE VOCÊ ME ABANDONOU? ........................................ 398
QUE PENA QUE TUDO SE ACABOU ENTRE NÓS ................. 399
SERÁ QUE AINDA ME AMAS COMO EU A TI AMO? ............. 401
AQUI OU NO ALÉM TE AMAREI .............................................. 403
TE AMO MAS NÃO TE TENHO ................................................ 404
OH MEU DEUS COMO EU TE AMO! ....................................... 406
MEU CANSAÇO É O DESCANSO DE JESUS .......................... 408

## Ser professor

Ser professor é ser um profeta
Capaz de professar fé na educação
Ensinando tudo aquilo que acarreta
Na cabeça das pessoas uma revolução

É poder ensinar tudo o que sabe
Mas também poder sempre aprender
Nunca deixando que um dia desabe
A casa da profissão e do viver

É pequeno com os pequenos se fazer
Para os pequenos poder ganhar
Ou grande com os grandes sem "se meter"
Para os mesmos poder salvar

É cativar a todos que encontrar
Sem ter com ninguém discriminação
Deixando-se também conquistar
Pelo seu bom trato com a educação

É deixar encher-se de sabedoria
Para a todos sempre transbordar
Com dedicação e muita maestria
Para a sede de todos vir a matar

É ter um coração do tamanho do mundo
Capaz de em si muitas pessoas conter
Com um amor e um carinho profundo
E dos seus alunos bons cidadãos fazer

É fazer da sua profissão um sacerdócio
Mas exigindo da mesma a sua dignidade
Não ganhando dinheiro com o seu ócio
Fazendo o que faz jus à sua felicidade

É valorizar-se mais do que ninguém
Sabendo que dele depende o futuro
Tanto de quem quer ser um alguém
Quanto de quem ainda vive no escuro

É conscientizar-se da sua grandeza
Não deixando morrer a esperança
De quem é pobre ou vive em fraqueza
Especialmente se ainda for criança

É orgulhar-se da sua profissão
Já que dela dependem outras tantas
Que molda a vida dos cidadãos
Não os deixando virar umas "antas"

É fazer da sua profissão um trampolim
Para revolucionar as vidas das pessoas
Não deixando que o mundo fique assim
Prevalecendo as coisas más e não as boas

É poder deste mundo um paraíso fazer
Tomando atitudes corretas e pertinentes
Que ninguém venha jamais a esquecer
Sobretudo se forem mesmo convincentes.

## Vamos salvar o nosso planeta azul

Vamos salvar o nosso planeta azul
Antes que ele venha a desaparecer
Morrendo no leste oeste norte e sul
Já que a poluição muito o faz sofrer

Todo tipo de poluição ataca a terra
Provocando vários tipos de fenômenos
Que com eles muitas coisas encerra
Sendo para nós de morte sinônimos

Poderemos ter dos dinossauros o destino
Caso nada vier a ser feito urgentemente
Porque vivendo neste horrível desatino
Todos poderemos vir a morrer de repente

Existe um tratado chamado de Quioto
Que com a poluição no mundo visa acabar
Mas o presidente Bush dá uma de escroto
E indiferente a tudo não o quer assinar

A doença de nosso planeta não é incurável
Pois é causada por nossa ação devastadora
Que destrói tudo de forma muito admirável
Especialmente com nossa atitude poluidora

Tanto as máquinas como os carros poluem
Fazendo a natureza sofrer a consequência
E os homens se esquecem de que se incluem
Neste rol poluidor e age com muita demência

Muitas doenças são consequências da poluição
As quais acabam complicando as que já existem
Como o câncer a aids e outras típicas do coração
Fazendo com que a elas os homens não resistem

Destruindo as matas e deteriorando os rios
O homem muda o destino de toda a nossa terra
Provocando fenômenos que até causam calafrios
Por serem mais devastadores do que uma guerra

Se nada for feito para com a poluição acabar
Um outro destino não teremos senão a morte
Porque o nosso planeta não vai mais aguentar
Já que como o nosso corpo ele não é tão forte

Precisa-se tomar medidas rígidas ou radicais
Para se evitar que o homem continue poluindo
Senão poderá vir a ser muito tarde demais
E como dinossauros acabaremos nos extinguindo.

## Que é ser filosofo para mim

Para mim filosofar é ter curiosidade
Deixando-se seduzir pela sabedoria
Tendo por ela uma verdadeira amizade
Sabendo que ela só me trará alegria

Filosofar é estar aberto ao universo
Pronto para aceitar tudo que me vem
Sabendo cantar em prosa e em verso
Tudo que é do mal e tudo que é do bem

É demonstrar que sabe algo fazendo
Ainda que erros venha a cometer
Importando que esteja se comprometendo
Em fazer reproduzir mais o saber

É buscar incessantemente um saber
Que esteja por se fazer ou já exista
Para passar a ter bastante poder
De deixar para os outros uma pista

É nunca com o que se sabe se acomodar
Achando-se um sujeito que tudo sabe
Mas nunca parando de na vida estudar
Jamais permitir que sua casa desabe

É aprender com os livros e a natureza
Estando de alma e coração aberto
Buscando sempre e com toda esperteza
Sendo solidário com que está por perto

É deixar encantar-se pelas pessoas
E por tudo que está ao seu redor
Sabendo selecionar as coisas boas
Procurando fazê-las cada vez melhor

É observar tudo de forma consciente
Tendo sempre presença de espírito
Para ter em seu ser tudo presente
Sabendo que se aprende no conflito

É ir além do senso comum do dia a dia
Não se deixando levar pela aparência

Construindo um grande sonho uma utopia
Legando ao mundo um saber por excelência

É ter os pés na terra mas os olhos no céu
Não se apegando ao passado ou presente
Porque o que importa está oculto em véu
Escondido no coração e dentro da mente.


## Mudança

Mudamos na medida em que pensamos
Pondo em prática nossos pensamentos
Quando e sempre a tudo observamos
Fora de nós e nos nossos sentimentos

Mudar não é fácil mas é possível
Desde que para isso nos empenhemos
Podendo até fazer o impossível
E os nossos sonhos realizemos

Só não muda mesmo quem não quer
Pois todos tem essa capacidade
Podendo vir a fazer o que quiser
Se aos propósitos tiver fidelidade

A quem sempre se propõe a mudar
Por certo lhe será dado condições
Para a si e o mundo transformar
Mesmo tendo as suas limitações

No universo tudo vive mudando
Pois ele está em eterno movimento
E Deus a tudo está sempre recriando
Usando a natureza como instrumento

Há tantas coisas para serem mudadas
No entanto há muita acomodação
Por parte das pessoas não preocupadas
Em fazer dos seus gestos uma revolução

Não podemos com o pouco nos contentar
Se o muito nós podemos conseguir
Para até Deus sempre nos elevar
Precisamos em nós mesmos investir

A mudança não acontece bruscamente
Mas é fruto de pequenas atitudes
Casando o real com a nossa mente
Pondo em prática as nossas virtudes

Quem está aberto e disposto a mudar
Com certeza jamais ficará no marasmo
Pois aceita as coisas novas a chegar
Não com indiferença, mas com entusiasmo

Quem muda muda a si e a tudo ao redor
Pois a mudança em nós deve começar
Nos mudando claro sempre para melhor
Visando as coisas e ao mundo transformar.

## Se acredito, eu posso

Se acredito o que quero posso conseguir
Pois a fé me permite tudo por poderosa ser
Principalmente se eu nunca vier a desistir
Crendo que qualquer batalha eu vou vencer

Sem fé não poderemos chegar a lugar nenhum
Pois a fé é em tudo o que nos dá sustentação
Para superar obstáculos sem problema algum
Especialmente se buscarmos força na oração

Quem acredita em Deus dele pode tudo obter
E ele não nega nada a quem lhe pede com fé
Podendo como Cristo Jesus milagres fazer
Nunca caindo em tentação mas ficando de pé

A fé me faz capaz de fazer maravilhas
Típicas de quem por Deus esteja iluminado
Fazendo com que outros sigam as trilhas
Que por acaso eu tiver para mim traçado

"Tudo posso naquele que me fortalece"
Já dizia o apóstolo São Paulo sabiamente
Pois Deus sempre cura àquele que adoece
Se nele confiar sem ter dúvidas na mente

Os profetas como Moisés milagres fizeram
Demonstrando o quanto tinham fé em Deus
De tal forma que onde quer que estiveram
Deus sempre os salvou como a filhos seus

Jesus disse que a fé é que nos dá crédito
Para fazermos tudo aquilo que quisermos
Porque fazendo milagres teremos o mérito
De termos seguidores aonde nós estivermos

Como Moisés com fé abrindo o Mar Vermelho
Nós poderemos também muitas coisas fazer
Desde que vejamos Deus como num espelho
Crendo que Ele pode nos dar o seu poder

Nas pequenas coisas podemos a fé constatar
Pois ela está presente em tudo que fazemos
Estando presente até mesmo no nosso andar
Já que não crendo estando em pé cairemos

Pela fé os santos o mundo transformaram
Fazendo tudo o que na Bíblia está escrito
Porque em Deus plenamente eles confiaram
Principalmente fazendo em nome de Cristo

Crendo nós poderemos o mundo revolucionar
Transformando tudo aquilo que desejarmos
Porque é a fé que nos faz vir a capacitar
Para os grandes desafios a enfrentarmos.

## Cada um ama do seu jeito

Eu amo você ama e mutuamente nos amamos
Sendo que eu amo do meu jeito de amar
E você ama do jeito que nos acostumamos
Cada um tendo a maneira de como se dar

Eu amo de forma ardente e até exagerada
Sendo por demais com os outros exigente
Mesmo que às vezes venha a dar cabeçada
Por não me sentir com o pouco contente

Você ama do jeito que pra você é o melhor
Se entregando de corpo alma e coração
Mesmo que às vezes acabas levando a pior
Por não encontrares a plena satisfação

Eu procuro amar como ama um bom amante
Fazendo jus a tudo o que se exige de mim
De forma que sempre fico muito confiante
Levando a sério a minha paixão até ao fim

Você certamente procura amar de verdade
Ao objeto do seu grande e verdadeiro amor
Procurando ter para com ele uma fidelidade
Que aos olhos de todos te faz ter valor

Eu considero correto o meu jeito de amar
Embora haja quem dele por certo discorda
Porém eu procuro ele sempre aperfeiçoar
Pois tenho medo que um dia quebre a corda

Amar como você ama muitas por aí deve haver
Embora não devemos nunca fazer comparação
Pois cada um conhece a sua dor e o seu prazer
Sentindo-se ou muito feliz ou tendo decepção

Amar como eu amo não é nada fácil para mim
Pois por quem me ama não sou compreendido

Não me amando desta mesma maneira assim
O que me deixa não satisfeito, mas aborrecido

Por certo a sua maneira de amar sempre seduz
Todo aquele que sempre está aberto ao amor
E a ele o seu amor sempre e sempre a conduz
Como a planta em busca de água e de calor

Eu gostaria de amar da forma mais perfeita
Mas como a forma mais perfeita não existe
Eu amo aquela que de minha alma é a eleita
Pelo menos de uma forma que não fique triste.

## Existem métodos para se pensar mais e melhor?

Existem métodos para quase tudo no mundo
Mas não conheço um que possa fazer pensar
No sentido mais radical e mais profundo
Capaz de até mesmo em uns gênios nos tornar

Há métodos que ensina a fazer parafuso
Mas não para se pensar de forma correta
De forma que fico cada vez mais confuso
Sem saber como posso atingir minha meta

Só penso o mínimo que a natureza permite
Sendo que posso pensar de forma arrojada
Indo até mesmo além do meu frágil limite
Mantendo sempre a visão bem mais ampliada

Tudo que existe por aí pelo homem criado
Foi resultado de um esforço do raciocínio

Mas para se pensar bem não foi inventado
Um método que dele todos tivesse domínio

Descartes fez uma tentativa de isso fazer
No "Discurso do Método" por ele chamado assim
Mas como muito pouco dele podemos entender
Nossa maneira de pensar continua muito ruim

Buda ensinou a humanidade até mesmo a levitar
Na medida em que se domina de fato a mente
Porém como isso não nos é ensinado a praticar
Nossa maneira de pensar ainda está impotente

O Dalai Lama tenta divulgar a todos a meditação
Que é uma tentativa de ensinar a melhor pensar
Tirando tudo o que perturba a mente e o coração
Para então podermos até mesmo ao nirvana chegar

Jesus nos incentivou muito à oração valor dar
Como forma de valorizar nosso lado espiritual
Não sendo vítimas do materialismo a avassalar
Nos elevando até ao mais alto reino celestial

Pensar bem requer um método muito bem sofisticado
Capaz de nos livrar das distrações do instinto
Senão jamais chegaremos a ter pensamento elevado
Ficando perdidos no mundo em meio a um labirinto

Seria bom se alguém bem inspirado logo inventasse
Um método revolucionário na maneira de se pensar
Fazendo com que a humanidade dele se beneficiasse
Para mudar a si mesma e o mundo no jeito de se atuar.

## Do Olimpo aos dias de hoje

Na Grécia antiga os deuses reinavam
Atuando normalmente como qualquer pessoa
Do céu à terra eles sempre baixavam
Trazendo coisa má e também coisa boa

No Olimpo fixavam a sua morada
Embora deles o palco fosse o mundo
A alma de todos por eles era penetrada
Lhe causando um impacto profundo

Os mais diversos nomes eles recebiam
Zeus Apolo Íris Atenas e outros mais
Conforme o povo achava que mereciam
Sendo Zeus o senhor soberano dos demais

Verdadeiras maravilhas eles realizavam
Tanto na vida imaginária quanto na real
Isso não fazendo diferença todos aceitavam
Já que só fazia muito bem e nada de mal

Houve imperadores que como eles agiram
Com os quais procurando se identificarem
E os povos facilmente a eles aderiram
Correndo o risco de eles o tiranizarem

Houve reis que até os personificaram
Embora sempre usando e abusando da tirania
Mas os povos eles sempre massacraram
Eliminando de uma vez por todas a democracia

Houve presidentes que seus nomes blasfemaram
Pelas práticas reais de sua administração
Pois se corrompendo e matando pecaram
Até mesmo usando os seus nomes em vão

Hoje tais governantes ainda existem
E àqueles procuram se assemelhar
De serem iguais aos deuses não desistem
E em nome deles até procuram guerrear

O que se acha o deus mais poderoso
Ao mais fraco procura logo eliminar
Fazendo o povão ficar sempre medroso
Uma vez que nem a ONU o pode barrar

Que se ressuscitem os deuses do Olimpo
Cuja prática à de Jesus se assemelhem
Para que esse mundo seja passado a limpo
E todos neles logo e sempre se espelhem.

## O descomunal excêntrico e extraordinário

O universo é um mistério inexplicável
Contendo tantas coisas que desconhecemos
Estando isso além mesmo do imaginável
Sobretudo se a isso sempre ignoremos

Como ignorar aquilo que é mesmo bem real
O fato de o universo ser desconhecido
Contendo aquilo que é mesmo descomunal
A tal ponto de não chegar a ser atingido?

Há o que no universo é extraordinário
Que a razão jamais consegue explicar
Fazendo parte do nosso imaginário
Mas que jamais poderemos vir a alcançar

Há o que nos é muito excêntrico também
Que nos intriga sempre e sem explicação
Que só entenderemos por certo lá no além
Porque é mui fragilíssima a nossa razão

O que é real não explica o surreal
Embora esse naquele sempre se revele
Sendo "o real ideal e o ideal real"
Abrindo-se ao que ao mistério interpele

Breve é o tempo do que é temporário
Sendo sempre eterno o que é eterno
Fazendo parte este do nosso ideário
E aquele presente já no ventre materno

Real e ideal o nosso eu sempre contém
Embora esse por aquele seja sufocado
Ficando somente e sempre lá no além
Por ser aquele o nosso objeto amado

Não sabemos quase nada de quase tudo
Nos acomodando e pouco pesquisando
Sendo negligentes e até sobretudo
Esquecendo de que tudo está mudando

No mundo de tudo já tem acontecido
Até mesmo um Deus já foi assassinado

E o ser humano continua adormecido
Sem buscar ter um espírito elevado

De nós mesmos há muito para se saber
Da parte física e também da espiritual
E isso os sonhos vêm sempre nos dizer
Que acima de tudo é algo fundamental.

## Quem irá criar ou inventar o que não existe?

Quem irá o que não existe criar ou inventar
Para não vivermos apenas copiando ou clonando
Sem a mínima iniciativa para algo transformar
E em berço esplêndido apenas nos acomodando?

Para que grandes coisas passassem a existir
Foi preciso que certas pessoas neurônios queimassem
Pensando sempre como poderiam vir a descobrir
Algo que todos no dia a dia sempre utilizassem

Há infinitas coisas para serem inventadas
E nós nos acomodamos com apenas o que temos
Deixando de serem sempre e logo solucionadas
Inúmeras problemáticas com as quais sofremos

Até quando vamos ficar só coisas decorando
Sem investirmos na nossa capacidade de criar
Para inventarmos o que estamos precisando
Fazendo o nosso mundo e nossa vida melhorar?

Podemos ser grandes gênios ou cientistas
Capazes de o mundo revolucionar de vez

Bastando para isso sermos bem otimistas
Pensando e agindo com muita garra e sensatez

Não podemos nos acomodar sendo mesquinhos
Com apenas com o que já temos nos contentando
Pois podemos até nos perder pelos caminhos
Diante dos obstáculos nos acovardando

Há sempre uma luz no fundo do túnel para nós
Se nos decidirmos com garra o mundo mudar
Ainda que haja quem queira calar a nossa voz
Jamais poderemos tão facilmente nos acomodar

Apesar de não haver investimento na educação
Podemos ser otimistas e em nós sempre investir
Pois por mais que soframos críticas ou rejeição
Muitas coisas mesmo sozinhos poderemos conseguir

O mundo precisa urgente de novos inventores
Capazes de inventar com muita genialidade
Como o fizeram aqueles que hoje são senhores
Respeitados como renomes por toda a humanidade

Sem gênios a humanidade poderá vir a acabar
Pois os obstáculos acumularão cada vez mais
Precisando de alguém para os problemas solucionar
Sendo bom tanto para si como pra os demais.

## Se eu fosse presidente do Brasil

Se eu fosse presidente do Brasil
Faria a justiça que jus se faz

Para esse povo sofredor e varonil
Para que haja entre nós a paz

Eu para todo mundo governaria
E não só para os meus comparsas
Com transparência administraria
E em nenhum dia usaria de farsas

Daria aos pobres mais prioridade
Pois eles sempre foram lesados
Nunca conseguindo a felicidade
Por nem sequer serem "educados"

Dos ricos privilégios eu tiraria
Pois os tiveram ao longo do tempo
Deles abusando sempre com tirania
E ver isso eu já não mais aguento

Faria projetos e leis bem radicais
Para mudar de vez o nosso país
Para ele não ficar atrás dos demais
Como o nosso povo sempre quis

Não faria coisas só para aparecer
Mas conforme as reais necessidades
Não deixando jamais o povo sofrer
Quer esteja nos campos ou cidades

Acabaria de vez com o analfabetismo
Fazendo todos se tornarem letrados
Desfrutando do que tem o capitalismo
Sem jamais serem uns pobres coitados

Não deixaria dinheiro se acumular
Sem que se tenha um objetivo maior
Tendo tantas coisas pra se realizar
Deixando o nosso povo sempre na pior

Abriria frentes de trabalho no país
Dando emprego para quem precisasse
Para conseguir tudo que sempre quis
Sem que ninguém jamais mendigasse

Não buscaria a minha própria glória
Querendo a qualquer preço aparecer
Mas mudaria da pátria a História
Procurando com a justiça me comprometer.

## Por que temos que sofrer tanto?

Por que temos que sofrer tanto
Sendo vítimas constante da dor
E de tudo que causa até espanto
Nos levando até a sentir terror?

Por que quase tudo de dor é motivo
Nos tirando a paz de corpo e alma
Nos levando até a perder o juízo
Por já ter perdido a nossa calma?

Por que desde o nascer ao morrer
O sofrimento é sempre nosso algoz

Tirando de nós a alegria de viver
Ao ponto de calar a nossa voz?

Que graça existe no sofrimento
Já que ele só nos tortura sem dó
Nos fazendo viver só no lamento
Na nossa garganta deixando um nó?

Como é ruim de corpo e alma sofrer
Sem encontrar pros males uma cura
Vivendo o tempo todo só a gemer
Tendo em mente a visão da sepultura

Até quando teremos que sofrer assim
Sem ter quem do sofrimento nos sare
Dando às doenças e aos males um fim
Para que o ser humano de morrer pare?

Onde estão os doutores e cientistas
Que podem ao sofrimento dar um basta
Já que, como dizem os bons artistas,
"Quem tem asa e não voa se arrasta"

Quantos zilhões por nada se gastam
Tendo tanta coisa mais útil a fazer
Como combater doenças que se alastram
Somente para vir a nos fazer sofrer

Quem ganha com o sofrimento da gente?
Sendo que no fim todos acabam perdendo
Pois existe quem opta por ficar demente
E quem até sem cura acaba mesmo morrendo

O Apocalipse diz que a morte vai acabar
Como sendo aqui o nosso último inimigo
Pois Deus com poder a ela vai derrotar
Nos livrando de vez deste triste castigo.

## Quem lê mais também sabe mais

Quem lê mais também sabe mais
Pois leitura é um meio de saber
Que nos faz sobressair aos demais
Nos levando de ideias a enriquecer

Leitura é fundamental na nossa vida
E sem ela pobre é o nosso linguajar
Para os problemas não teremos saída
E muito mal será o nosso comunicar

Lendo podemos muitas coisas aprender
O que há em revistas livros ou jornais
Sempre aperfeiçoando nosso jeito de ser
Nos sobrepondo com sabedoria aos demais

Quem lê aprimora os seus conhecimentos
Agindo com mais coerência e precisão
Tendo melhores ideias e pensamentos
Sem se deixar levar só pelo coração

Quem não lê não vai muito longe na vida
Pois se acomoda e não adquire sabedoria
Ficando muitas vezes de cara partida
Ao ver os outros partindo pra alegria

Ler é ultrapassar os próprios limites
Indo além da mesmice do senso comum
Sem implorar dos outros seus palpites
Podendo não vir a chegar a lugar algum

Precisamos ler o mundo como se apresenta
Exigindo sempre dos nossos cinco sentidos
Uma ação muito rápida e jamais muito lenta
Se quisermos adquirir os saberes escondidos

Quanto mais lemos mais sábios nos tornamos
Pois a sabedoria jamais nos vem por um acaso
E quanto mais o nosso ser nós sempre formamos
Mais nos enriquecemos e mais saímos do atraso

De tudo e sempre sobre tudo precisamos ler
Para adquirirmos sempre muitos conhecimentos
Para termos com que o nosso espírito fortalecer
Fortalecendo ainda mais os nossos sentimentos

Lendo podemos decodificar este universo
Com suas linguagens para nós tão embaraçadas
Podendo cantá-lo sempre em prosa e em verso
E não termos que vir a dar tantas cabeçadas.

## Precisamos sempre nos entusiasmar

Precisamos sempre nos entusiasmar
Isto é de Deus ficarmos repletos
Se quisermos o mundo transformar
Não podemos jamais ficar quietos

Se entusiasmar é energizar-se de Deus
Para fortalecido a vida poder tocar
Uma vez que ele ama aos filhos seus
A sua graça ele jamais poderá negar

Quando Deus age em nós tudo podemos
E maravilhas sempre acabamos fazendo
Porque coragem garra e força temos
E jamais uma batalha acabamos perdendo

Ter entusiasmo é ter Deus no coração
Sempre sua graça e bênção recebendo
Para viver com alegria e disposição
E toda batalha sair sempre vencendo

Entusiasmados podemos viver de fato
E jamais o mal terá vez em nossa vida
Pois o nosso comportamento será exato
E em tudo sempre encontraremos saída

Só entusiasmados poderemos ir em frente
De olhos e braços abertos caminhando
Visando transformar tudo de repente
Jamais pelo nosso caminho nos acomodando

Estando entusiasmados somos diferentes
Pois agimos como um soldado em guerra
Sendo sempre mui corajosos e prudentes
Procurando sermos heróis sobre a terra

Quem não tem entusiasmo Deus não tem
Pois sempre se acomoda e de nada faz

Não procurando jamais ser um alguém
Pois com qualquer coisa se satisfaz

A acomodação é um veneno intoxicante
Que nos inibe e nos impede de lutar
Nos deixando sempre como um gigante
Que cede ao inimigo fácil de derrotar

Quem tem entusiasmo tem tudo o mais
Pois o entusiasmo é a base de tudo
Nada lhe faltando na sua vida jamais
Fazendo milagres sempre e sobretudo

Quem tem entusiasmo pode sempre criar
Inventando até aquilo que não existe
Pois Deus estará sempre a lhe inspirar
Já que nele todo poder e graça consiste

Somente entusiasmados podemos viver
Pois sinônimo de vida é o entusiasmo
E somente ele pode nos dar todo prazer
Para vencer sempre todo o nosso marasmo.

## O que é a poesia para mim

A poesia para mim é um dom divino
Um meio para o homem poder expressar
Toda a alegria ou tristeza do destino
Como forma de sempre se desabafar

A poesia é como o ar ou a respiração
Uma forma de sempre vivos nos manter
Enquanto aqui caminhamos pelo chão
Pelos problemas não nos deixando abater

Sem poesia, a vida incompleta seria
E enfadonho seria o nosso viver
Pois nos faltaria sempre a alegria
E a dor destruiria nosso prazer

Aonde falta poesia tudo o mais falta
E sem poesia a vida não tem sentido
Uma vez que a dor logo nos assalta
Fazendo o nosso coração ficar partido

Poesia é sinal de libertação e luz
Para todos os momentos de nossa vida
Fazendo ficar mais leve a nossa cruz
Na nossa caminhada de vinda e de ida

Quem faz poesia é como quem sai voando
Sobre o espaço ou o horizonte do céu
Com a alma sempre sorrindo e cantando
Revelando os mistérios envoltos em véu

Mais do que de pão precisamos de poesia
Para alimentar a nossa fome de infinito
Expandindo sempre a nossa grande fantasia
Para não termos nunca um coração aflito

Onde há poesia a festa já está completa
Pois ela é por si só sinal de felicidade

Para quem procura ter uma vida correta
Tendo saúde e escapando da insanidade

É a poesia que faz a vida ser tão bonita
Porque ela eleva e alegra a nossa alma
Impedindo que ela venha a ficar aflita
E na aflição sempre lhe devolve a calma

A poesia pode até acabar com uma guerra
Pois ela dá ao homem o poder da magia
De espalhar a alegria e a paz na terra
Acabando de vez com a nossa agonia

A poesia é a linguagem dos anjos de Deus
E para ser poeta com eles tem que aprender
Porque Deus é quem inspira os poemas seus
Numa linguagem que até podemos compreender

Deus nos deu a poesia para até ele voarmos
Buscando o céu aonde ele está sentado
Ao ponto de até o nosso corpo deixarmos
Como um santo em êxtase transportado.


## A dor e o prazer de cada um

Cada um de nós tem seu prazer e sua dor
Incrustadas no mais íntimo do seu ser
Causando muito prazer ou mesmo horror
Nos fazendo diminuir ou também crescer

A dor e o prazer de cada um é diferente
Pois diferente é o jeito de cada um sentir
Enquanto um pode até ficar demente
O outro pode ficar feliz a sorrir

Cada um conhece a dor e o prazer que tem
E procura do seu jeito com ambos conviver
Sabendo que todos dor e prazer têm também
É motivo para não se humilhar ou enaltecer

Da dor e do prazer ninguém pode escapar
Pois ambos estão bem em nós enraizados
Por mais que queiramos não podemos nos libertar
Pois por Deus assim é que fomos criados

Se o prazer pode nos elevar até ao céu
Em contrapartida no inferno a dor nos joga
Nos fazendo até beber um cálice de fel
Sem piedade nele a nossa alma afoga

Dor e prazer são as faces da mesma moeda
E podemos até senti-las simultaneamente
E ambas podem nos erguer ou causar queda
Se não soubermos utilizá-las inteligentemente

Por natureza buscamos sempre o prazer
Pois ele nos emociona e até nos eleva
Enquanto rejeitamos a dor que nos faz sofrer
Embora há quem goste dela e não nega

Ninguém conhece a dor e o prazer que tenho
Assim como eu não conheço as de ninguém

E por mais que eu faça um grande empenho
Não entenderei tais fenômenos como se convém

Como é gostoso sentir um prazer imenso
Que nos faz emocionar de tanta doçura
Sobretudo quando temos um orgasmo intenso
Fruto de um ato de amor com loucura

Como é doloroso sentir uma dor intensa
Que nos faz chorar de tanta amargura
Sobretudo quando sentimos uma paixão imensa
E não correspondidos optamos pela loucura.

## Apelo a todos os anjos e santos

Todos os anjos e santos de Deus
Intercedei por todos nós seus irmãos,
Atendendo prontamente os apelos meus
Já que como nós também sois cristãos

Livrai-nos dos ataques do maligno
Que dia e noite quer nos devorar
E fazei que vivamos num mundo digno
De todos nele poder viver e morar

Pedi por nós ao nosso Deus-Senhor
Para ele de nós se compadecer
Tendo para conosco muito amor
E não nos deixando tanto sofrer

Conforme as funções que Deus lhes deu
Agi em nossas vidas nos socorrendo
Porque o maligno do céu já desceu
E de todas as formas vive nos aborrecendo

Vede o que por nós podeis fazer
Pois estamos todos muito vulneráveis
Sujeitos a qualquer instante morrer
Pois aqui não passamos de uns miseráveis

Já que não sois mais pecadores
Velai por nós que temos pecados
E estamos sujeitos a todas as dores
Até o dia que delas formos libertados

Já que sois ricos das graças de Deus
Concedei-nos um pouco desta riqueza
Uma vez que somos irmãos seus
E sempre vítimas de muita pobreza

Já que estais na suma e eterna glória
Para conosco sede sempre solidários
Nos ajudando ao longo da História
Nos livrando de todos os salafrários

Livra-nos da violência e da guerra
Concedendo-nos a paz que gozais
Já que a cada instante por toda a terra
Elas estão se alastrando mais

Pedi por nós à Santíssima Trindade
Para nos conceder saúde e sorte

Para que tenhamos muita felicidade
Antes do dia da nossa morte.


## A dor no mundo e em nós

Por que será que existe a dor
Poderia alguém me explicar?
Talvez seja a falta de amor
Atrito do ser a se desequilibrar

Dor é sinal de alguma doença
Seja física seja psicológica
Que a nós traz a sua presença
Sinal de devastação ecológica

A dor pode nos levar a gemer
Como reação ao que nos agride
Sempre nos fazendo sofrer
E que até nossa sorte decide

Somos purificados pela dor
Que nos torna menos orgulhosos
Pelos efeitos do seu terror
Até nos tornarmos mais amorosos

Ter dor é ter melancolia
Parceira da angústia-tristeza
Que são irmãs da agonia
Que nos tiram toda a fortaleza

Ter dor não tem a menor graça
Pois ela só nos faz torturar
Quando em nossa alma crassa
Nos fazendo sofrer e chorar

A dor existe como oposição ao prazer
Pois tudo na vida tem seu rival
Para nunca nos deixar esquecer
De que na vida há o bem e o mal

Nossa tendência natural é o prazer buscar
Mas prazer demais também nos faz sofrer
Sendo um mistério que não sei explicar
Uma vez que há quem na dor sente prazer

Quando há excesso de dor viemos a morrer
Pois ultrapassa o limite da nossa tolerância
Deixando nosso corpo como qualquer outro ser
Para gozarmos da paz em abundância

Só fora da natureza não há dor
Pois ela vive em parto constante
Nos causando verdadeiro terror
Devido ao seu movimento incessante.


## A boca do mundo

A boca do mundo engole um atravessado
Já dizia a vovó Lôra sabiamente
Quem não se cuida por ela é devorado
E quem não for pode vir a ficar demente

O mundo é como um vampiro sanguinário
Sempre pronto a querer nos devorar
Criando a qualquer momento um triste cenário
Que inveja a um dramaturgo pode causar

De ninguém o mundo tem dó
Tratando a todos sempre por igual
Porém uns se reduzem ao pó
E outros se elevem à corte celestial

Quem não se prepara para o mundo enfrentar
É como quem enfrenta um exército poderoso
Porque tão logo o mundo poderá o arrasar
Ficando ele até mesmo em estado lastimoso

No mundo vivemos em estado de guerra
E nem dormindo nós obtemos a paz
Pois essa é a nossa condição na terra
Já que aqui nada jamais nos satisfaz

No mundo somos atacados de todas as formas
E tudo e todos estão sempre a nos ameaçar
Quer cumpramos ou não as leis e as normas
Já que vivem com o intuito de nos devorar

No mundo somos impiedosamente atirados
Tendo que por conta própria nos virar
Encontrando obstáculos por todos os lados
E para sobrevivermos temos que lutar

De tudo encontramos pela frente
Tanto da parte do bem como da do mal

E só vence quem procura ser inteligente
Vivendo de forma coerente e radical

Quem estuda e trabalha tem dinheiro
Para viver sempre independente
Podendo percorrer o mundo inteiro
Sem jamais de nada estar carente

Quem não estuda nem trabalha está perdido
Podendo até um mendigo vir a se tornar
Sujeito a ter o seu coração partido
Por nem sequer ter sonhos a realizar.

## O destino de um ser humano

O destino de um ser humano
Pode ser o que ele para si traçar
No decorrer de cada um ano
Se a sorte dele não vier a desviar

Antes de tudo é incerto o destino
Pois depende antes de virmos a nascer
Depois torcer para não termos desatino
Até o dia e do que vamos morrer

Ao nascermos tudo nos é possível
E a muitas coisas estamos sujeitos
Podendo nos acontecer o impossível
Sermos sábios santos exceto perfeitos

O que podemos para nós propor
Como de vida meta-ideal
Deus é que acaba por se dispor
Pois tem controle do real-espiritual

Podemos mudar sempre nosso destino
Agindo de forma coerente e consciente
A não ser que venhamos a nos alienar
Ou até mesmo morrem de repente

Às vezes alguém pode por nós decidir
O nosso destino ou a nossa sorte
Mas felicidade podemos não adquirir
Achando até melhor para nós a morte

Às vezes podemos tomar decisões erradas
Achando serem as melhores possíveis
E só depois de darmos muitas cabeçadas
Percebemos as nossas atitudes horríveis

Podemos ser rei presidente ou papa
Conforme para isso nos prepararmos
Sabendo que da morte ninguém escapa
Enquanto vivermos não podemos acomodarmos

Vivermos apenas por vivermos
Não deve ser nunca a meta nossa
Mas vivermos sabendo o que queremos sermos
Não permitirá que sejamos uma joça

Podemos ser vítimas da fatalidade
Algo que não podemos nunca controlar

Como não possuímos a imortalidade
Nada e ninguém da morte pode nos livrar.

## As minhas viagens noturnas

Nas minhas noturnas viagens
Deixo meu corpo e por aí saio
Contemplando as mais lindas paisagens
Subindo ao céu no abismo eu caio

Nas minhas viagens oníricas
Não existe limites para mim
E faço até peças satíricas
Numa atuação que não tem fim

Viajando enquanto estou dormindo
Maravilhas consigo fazer
Muitas vezes um Deus me sentindo
Esnobando para os monstros meu poder

Quando durmo de noite ou de dia
Não há nada que possa me impedir
E consigo realizar minha fantasia
De ser o que já fui ou que está por vir

Mais do que quando estou acordado
Dormindo faço o que só Deus faz
Pois sinto ter meu espírito elevado
E com ele assim de tudo sou capaz

Quer seja sendo eu quer um outro
Quando sonho proezas realizo
Sendo justo honesto ou até escroto
Pois consigo tudo que preciso

Se acordado não faço o que é possível
Dormindo até o impossível eu faço
Pois tenho um poder tão incrível
Sem jamais cair facilmente em fracasso

Nada me fica oculto quando sonho
Em um grande sábio me tornando
Realizando tudo o que me proponho
O mundo sempre vou transformando

Quando sonho, viro poeta e compositor
Fazendo músicas e poesias lindas
Falando de tudo especialmente de amor
Tão logo as inspirações me são vindas

Com tudo o que sonho fico maravilhado
Admirando o quanto sou excepcional
Pois saio daqui e vou pro outro lado
Sentindo-me um Deus no reino celestial.

## Excelentíssimos senhores governantes

Excelentíssimos senhores governantes
Até quando mesmo ficareis indiferentes
A tudo que acontece a todos os instantes
Que nos faz de vocês ficarmos descrentes?

Por que ficais omissos em meio à corrupção
Vendo os cofres públicos ficarem vazios
Por parte de quem não tem alma e coração
Nos causando muita revolta e calafrios?

Por que não combateis a violência
Que assola o país por toda parte
Fazendo nosso povo pedir clemência
Sem chances de viver com arte?

Por que não fazeis nosso país crescer
Com planos e projetos avançados
Já que tendes em mão dinheiro e poder
Deixando estados e municípios atrasados?

Por que permitis as drogas se avassalarem
Causando a morte de tanta gente inocente
Sobretudo dos jovens sem a vida desfrutarem
Mortos por traficante demente?

Por que deixais tanta gente desempregada
Com tanta coisa para se fazer pelo país
Que nosso hino diz ser pátria amada
Mas que muitos dela faz uma meretriz?

Por que permitais estrangeiros nos explorar
Levando as nossas riquezas naturais
Fazendo o juro da dívida externa se elevar
De forma que não possamos pagá-la jamais?

Por que com suas promessas nos enganais
Apenas para aos cargos vir a assumir

Mas quando ganham não os vemos mais
Sem conosco as vossas regalias repartir?

Por que não fazeis as reformas necessárias
Nas leis que já estão tão ultrapassadas
Para que não soframos sempre represálias
Que deixam nossas vidas tão complicadas?

Por que encarais tudo como sendo normal
Tantas coisas absurdas que estais a fazer
Apenas em nome do poder e do capital
Achando que é vosso direito defender?

## Miravânia, cidade esperança

Após alguns anos de gestação
Nasceu Miravânia a jovem cidade
Realização do sonho do povo do sertão
Em busca da sua plena felicidade

Miravânia ainda é uma criança
Mas que já consegue engatinhar
E como símbolo de cidade-esperança
Seu povo pode dela muito esperar

Miravânia é o orgulho do norte de Minas
Pois tem um povo ordeiro e trabalhador
Que agraciado pelas bênçãos divinas
Contribui mesmo como rural produtor

Em todos os setores Miravânia cresce
Dando ao povo a alegria de lhe pertencer
Porque se sente como quem merece
Lutar muito sabendo que vai vencer

Ainda há muita coisa para se conquistar
Mas tudo o que Miravânia já conquistou
Faz seu povo dela muito se orgulhar
Desde quando de Manga se emancipou

Embora muitas coisas já realizaram
Aqueles que foram seus emancipadores
Mesmo os que aqui ainda não chegaram
Poderão ser os seus grandes realizadores

O futuro de Miravânia é muito promissor
Porque do passado teve uma boa herança
De um povo muito digno e trabalhador
Cujos descendentes têm muita esperança

Miravânia está sempre de braços abertos
Para aqueles que nela quiserem vir morar
Juntando-se aos seus cidadãos honestos
Para esse grande sertão vir a desbravar

Miravânia está na mira do Brasil
Quiçá até mesmo do mundo inteiro
Por ter um povo herói e varonil
Transparente honesto e verdadeiro

Um sonho que já se concretiza
É Miravânia para seus habitantes

E com seus vizinhos se solidariza
Acolhendo forasteiros e retirantes

## É muito bom revermos os amigos

É muito bom revermos os amigos
Pois matamos a deles e a nossa saudade
E eles geralmente nos dão abrigos
Fazendo de tudo pela nossa felicidade

Quando em outra cidade moramos
Não podemos dos amigos esquecer
Ficando sem visitá-los por muitos anos
Senão soframos e os fazemos sofrer

Visitando os amigos nos sentimos confortados
Pela nossa alegria e a deles em festa
Relembrando os nossos tempos passados
A emoção em nós logo se manifesta

Quando os nossos amigos vamos visitar
Acabamos sempre muitas coisas fazendo
Como jogar bola, beber cerveja e pescar
E tantas coisas que acabam nos enobrecendo

Quem tem amigos feliz se sente
Pois sabe que com eles pode contar
Quer numa visita a eles de repente
Ou numa visita deles quando menos esperar

Quem não tem amigos é infeliz
Pois toma conta dele sempre a solidão
Já que ninguém ouve o que ele diz
Pode até entrar em depressão

Com os amigos podemos fazer serenata
Para o nosso aniversário comemorar
De uma forma saudável, alegre ou pacata
Para ninguém de nós vir a reclamar

Como já disse alguém que "recordar é viver"
Numa rodinha de amigos é isso que rola
Para não deixar o nosso passado morrer
Vamos contando tudo aquilo que cola

Muitos amigos devemos sempre cultivar
Pois eles nossas vidas sentido dão
Onde quer que possamos estar
Com certeza sempre nos dão a mão

Rever os amigos sempre faz bem
Tanto pro coração como para a alma
Pois com suas atitudes eles nos entretêm
Nos fazendo felizes devolve a calma.


## O que me causa insônia

O que me causa insônia é o medo de morrer
Sem ter realizado aquilo que tanto desejo
Que é conseguir acumular bastante saber
Que acima de tudo é o que mais almejo

Me tira o sono a corrupção e violência do país
Que sempre por toda parte se assolam
Inibindo a liberdade que eu sempre quis
E os bandidos em casa sempre só me isolam

Não consigo dormir com tanta gente ignorante
Sem nenhuma perspectiva de um futuro
Andando de um lado para outro como retirante
Sem a luz do saber e sempre no escuro

Fico sempre acordado ao ver tanta injustiça
Praticada pelos gananciosos desta nação
Que acumulam sempre tanta maldade e cobiça
Explorando os pobres sem escrúpulo no coração

Fico sempre em alerta diante da corrupção
Ocorrida dos municípios ao Distrito Federal
Praticada por aqueles que na época da eleição
Prometem combatê-la como sendo o maior mal

Fico sempre em vigília ao ver tantas doenças
Tirando a vida de tanta gente neste mundo
Levando-me a desconfiar das minhas crenças
De que há homens com poder de cura profundo

Não consigo ter sono vendo drogas se alastrando
Destruindo de vez a vida da nossa juventude
E as autoridades quase nenhuma atitude tomando
Para que os jovens vivam com mais plenitude

É impossível dormir com tanto barulho
Causado pela fúria de reclamações do povão

Mas o governante atira tudo isso no entulho
E para não resolver nada pratica a repressão

Se por acaso durmo nem sequer consigo sonhar
De tanta preocupação com tudo o que acontece
Me sentindo impotente para poder vir a ajudar
E isso é o que sempre digo que mais me aborrece

Quando eu sonho o meu sonho é um pesadelo
Resultante de tudo isso que acabei de dizer
E também por causa do tão grande desmazelo
Por parte daqueles que sempre assumem o poder

Não sei o que é pior: dormir ou ficar acordado
Uma vez que não posso ficar ileso de nada
De tudo isso que acima já foi por mim citado
E fugir sem enfrentar eu acho a maior mancada.

## Há muitas coisas erradas no nosso país

Há muitas coisas erradas em nosso país
E infelizmente há quem isso não percebe
Permitindo que a maioria não seja feliz
Pois para se calar e mesmo omitir recebe

Desde a chegada dos europeus ao Brasil
Que sempre houve muitas coisas erradas
Praticadas contra o nosso povo varonil
Cujas riquezas sempre foram cobiçadas

Há quem considere normal certas aberrações
Como ganhar altos salários sem o merecer
Enquanto outros ganham só pequenas porções
Que não dão nem para a sua família comer

Muitos que foram eleitos para nos defender
Acabam é nos perseguindo como lobos vorazes
Que nos batem, roubam e mandam nos prender
Quando antes nas promessas eram loquazes

Há por aí desempregados tendo profissão
Sendo que há pelo Brasil tantos empregos
Mas governantes e empresários por omissão
Praticam com eles a tática dos morcegos

Direitos humanos e do cidadão são violados
Como se eles nem existissem algum dia sequer
Não sendo defendidos por juízos ou advogados
Deixando qualquer um fazer o que bem quiser

Assalto roubo e violência correm pela cidade
Sem ter quem nos defenda de toda a bandidagem
Que sempre nos tira a nossa paz e a felicidade
Tendo bandidos de certos policiais camaradagem

Sequestro um crime muito hediondo considerado
É praticado como forma de se ganhar dinheiro
E quem paga o resgate às vezes é assassinado
Chocando ao Brasil e até mesmo o mundo inteiro

Nas Febens e nas prisões ocorrem barbaridades
Como se ainda vivêssemos nos tempos da ditadura

E pouco se faz para se evitar essas atrocidades
Com muitos tendo por destino certo a sepultura

Quando chove as casas são invadidas por enchente
Que destrói as poucas coisas que nosso povo tem
Sem falar dos que morrem vítimas repentinamente
Por não serem considerados cidadãos ou um alguém

O analfabetismo ainda é uma realidade muito triste
Na vida de boa parte da nossa população tão carente
Porque para ela direitos de fato aqui nunca existe
E desse jeito jamais poderá algum dia ir pra frente.

## Minha homenagem aos compositores

Quero homenagear a todos os compositores
Que inspirados compuseram lindas canções
Que exalam no mundo o perfume das flores
Purificando nossas almas e nossos corações

Seja qual for o estilo de canção composta
Brega sertanejo rock clássica ou popular
O que importa é compor o que o povo gosta
Fazendo a criança o jovem ou o velho cantar

Não é nada fácil compor com genialidade
Falando dos mais recônditos sentimentos
Expressando amor ódio tristeza felicidade
Às vezes tocando ou não simples instrumentos

Bendito aquele que compõe com toda maestria
As mais belas canções que neste mundo existem
Fazendo o povão cantar e dançar com alegria
Extravasando sentimentos que na alma consistem

Parabéns a todos que procuram inspiração
Para vir a compor as canções mais lindas
Que tocam fundo minha alma e meu coração
Porque elas a mim serão sempre bem-vindas

A música é a linguagem dos anjos lá do céu
E como o amor fala sem palavras ao coração
Revelando os sentimentos encobertos por véu
E nos levando a soltar sempre nossa emoção

Quem compõe é um anjo que está aqui na terra
Nos levando a comunicar com todo o universo
Pois em sua canção todo nosso ser se encerra
Falando por nós o que contém cada um verso

Aos compositores a minha eterna gratidão
Por tudo de bom que fazem canções compondo
Pois elas curam minha tristeza e solidão
E são até um guia para o que vivo propondo

Não há dinheiro que pague a um compositor
Por uma bela canção que ele tenha feito
Expressando através dela todo o seu amor
Amor esse que é sempre bem do nosso jeito

Merece um troféu o que música sabe fazer
Pois dá de si o que há de mais significativo

Que é a capacidade de nossa alma enaltecer
Por meio desse instrumento tão comunicativo

Quem não gosta de música bom sujeito não é
Pois ela é a essência de nosso ser profundo
E até a criancinha já nasce com ela no "pé"
Seja aqui ou em qualquer outra parte do mundo.

## O amor é uma linguagem universal

O amor é uma linguagem universal
Que qualquer um facilmente entende
E que ninguém precisa de manual
Pois o coração logo a compreende

Até um bebê já sabe o que é o amor
Pois pelo amor ele está sendo gerado
Na barriga da mãe, recebendo todo calor
E por ela sendo muitíssimo bem tratado

Quem não entende um gesto de carinho
Ou um olhar que mais que palavras diz
E quem não se emociona ser chamado de benzinho
Sentindo-se deste mundo o ser mais feliz?

Quem ama cativa seduz conquista e obtém
Pois o amor é a poderosa arma que temos
Para conseguir tudo o que nos faz alguém
Aqui neste mundo complicado que vivemos

Quem não ama não consegue ninguém jamais
Pois só afasta a quem ele quer conquistar
Praticando o ódio e o mal e tudo o mais
Que jamais vai ajudá-lo a seu alvo alcançar

Pela força se pode até vir a pessoa obter
Mas ela jamais vai se entregar livremente
Vindo a simular amor ou até fingir prazer
Aguardando o dia de vir a fugir de repente

Já que o amor de graça de alguém recebemos
Não devemos comprá-lo ou vendê-lo jamais
Mas de graça dá-lo sempre é que nós devemos
Pois esperamos que assim hajam os demais

Simples gestos de amor logo nos seduzem
Pois de amor somos todos muito carentes
E quem nos ama facilmente nos conduzem
Se nos tratarem com gestos mui calientes

Como o sorriso o amor nos leva a amar
A quem a nós demonstra também seu amor
Na maneira de carinhosamente nos tratar
Expressando com atos e palavras seu calor

Como não se pega passarinho "show" dizendo
Também ofendendo não se conquista ninguém
Pois quem é ofendido logo já sai correndo
Já que teme poder vir a ser logo um refém

Desde a origem do mundo que o amor existe
E em todos está agindo como força mágica

Capaz de seduzir quem é alegre ou é triste
Mesmo que a história de alguns seja trágica

Seduzido pelo sorriso ou mesmo pela beleza
O amor se rende e se entrega mesmo pra valer
Pondo em prática todos os ditames da natureza
Ao ponto de vir a fazer a humanidade crescer.

## A esperança é a última que morre

"A última que morre é a esperança"
Já nos diz o famoso e velho ditado
Quem caminha com certeza alcança
Caso já não tenha se desesperado

Ainda que tudo perdido tenhamos
Coisas objetos e pessoas queridas
Mas se na esperança nos apegamos
Teremos salvo as nossas vidas

Sem esperança não se pode viver
Pois ela é que dá sentido à vida
Nunca nos deixando vir a morrer
Nos possibilitando sempre uma saída

O desespero nos leva ao fracasso
Pois nos tira toda possibilidade
De virmos a dar um último passo
Em busca da vitória e da felicidade

A esperança é um enorme potencial
E até mesmo um tesouro inesgotável
Pois nos ajuda a superar todo mal
E a buscarmos um futuro favorável

O passado e até o momento presente
Não nos são tão úteis quanto o devir
Pois aqueles vão-se tão de repente
E neste está o que queremos conseguir

O futuro se faz presente se esperamos
Um amanhã de promessas venturosas
Contendo em si tudo o que buscamos
Para termos vidas bem mais gloriosas

De que adianta nos apegarmos ao passado
Que já não temos mais em nossa mão
Sendo que o que tivermos planejado
O futuro traz guardado no coração?

Quando Judas viu que traíra Jesus
Ao invés de implorar seu perdão
E tendo esperança pedir-lhe luz
Se desesperou se matando na escuridão

O desespero leva sempre à fatalidade
Tirando-nos a única coisa que nos resta
A esperança de lutar pela felicidade
Tendo em mente só aquilo que não presta

Quando um dia um mês ou um ano se vai
Deixando para trás toda uma história

Nos interessa é o que de nós não sai
Que é a esperança em marcha pra vitória

Se em meio à guerra e a toda calamidade
O homem se desesperasse e sucumbisse
Há muito já teria acabado a humanidade
E ele aqui na terra já não mais se existisse

Todas as coisas saíram da caixa de Pandora
Quando ela por curiosidade um dia a abriu
Mas fechou-a sem a esperança ir embora
E assim o homem aos males sempre resistiu.

## Quem é Jesus Cristo

Quem é Jesus Cristo a não ser Deus
Que se encarnou e veio ao mundo
Demonstrando que de fato aos seus
Tem consideração e amor profundo

Ele é o Verbo Divino que encarnou
E gerando-se no ventre de Maria nasceu
Dizendo que foi Deus quem o enviou
E para nos salvar na cruz ele morreu

Vários de sua época o tentaram definir
Pelo que falava e também pelo que fazia
Mas ele dizia ter vindo só pra nos remir
Nos libertando do pecado e de sua tirania

Embora sendo homem como Deus ele agiu
Fazendo sempre milagres e maravilhas
Para quem precisava ou até lhe pediu
Só pedindo que seguisse suas trilhas

A ninguém e a nada ele nunca temia
Procurando a justiça sempre fazer
Mesmo quando um poderoso o perseguia
Jamais teve medo de vir a morrer

Dizia a verdade sem vergonha ou medo
Conforme Deus sempre o inspirava
A ninguém ele jamais pedia segredo
Enquanto a Boa Nova ele anunciava

Desmascarou hipócritas e fariseus
Chamando-os de sepulcros caiados
Desafiando sempre a eles e judeus
Fez com que ficassem desmascarados

Curou muitas doenças sem remédio
Expulsando até espíritos malignos
Que a muitos causava muito tédio
Para que da vida fossem dignos

Com amor aos pecadores converteu
Fazendo-os deixar de vez o pecado
E até a vida por eles ele a deu
Estando no terceiro dia ressuscitado

Para continuar aqui a igreja fundou
Enviando sobre ela o Espírito Santo

Que a sua missão então confirmou
Fazendo maravilhas por todo canto.

## Quem é o Espírito Santo

Quem é o Espírito Santo a não ser a plenitude
De tudo que nesse universo possa haver
A glória de Deus manifesta em infinitude
Revelando ao homem o que precisa saber

Nada existia e ele a tudo então criou
Tirando tudo do nada pelo seu poder
Ele com as criaturas se solidarizou
Dando-lhes a oportunidade de viver

Por séculos ao homem oculto estando
O Espírito Santo resolve se revelar
Para a terra vindo e o céu deixando
A missão de Jesus ele veio completar

Em com por e para Jesus o que há ele fez
Para manifestar ao mundo o nosso Deus
E após receber de Jesus toda a honradez
Com ele subiu ao céu ficando com os seus

Para os seus sós e não órfãos não deixar
Ele e Jesus fundam pelos apóstolos a igreja
Para através dela o homem poder salvar
Ajudando-lhe aqui na terra na sua peleja

Apesar do ateísmo e do ataque de Satanás
O Espírito Santo não deixa a igreja naufragar
Mesmo havendo guerras ele lhe dá a paz
Não deixando o inimigo vir a lhe derrotar

No reino o joio é lançado junto ao trigo
Crescendo com ele noite e dia sem parar
Mas jamais o joio lançado pelo inimigo
Pode por mais que tente o trigo sufocar

Sem o Espírito Santo a igreja não existiria
Podendo há muito tempo ter sido destruída
Mas como já veio e ainda virá na parusia
A base da igreja jamais será aqui rompida

Quem dirige a nave da igreja e do mundo
A não ser aquele que um dia a ambos criou
Demonstrando que tem um amor profundo
Por aquilo que desde a eternidade desejou?

Todos os exércitos maus da terra ou do além
Jamais poderão a obra do Espírito Santo destruir
Pois acima dele sabemos que não há ninguém
Capaz de para com Ele poder vir a competir.

## Meu espírito é livre embora eu não o seja

Meu espírito é livre embora eu não o seja
Pois à noite ele sai vagando aí pelo mundo
Voando mais livre que um pássaro que se veja
Penetrando até naquilo que há de mais profundo

O que meu espírito faz eu jamais poderei fazer
Por mais que me esforce ou tente a ele imitar
Porque se eu quiser fazê-lo sei que irei sofrer
Pagando por vir as leis humanas-naturais violar

Para meu espírito não há leis humanas-naturais
Pois ele se sente livre para transitar por aí
Sem ter que prestar conta de nada nunca, jamais
A quem quer que seja que dê as ordens por aqui

Eu não posso nem poderei jamais por exemplo voar
Como constantemente faz o meu espírito no sonho
Pois sei que se tentar fazê-lo eu irei me ferrar
Vitimado pelas leis naturais esse fardo medonho

Meu espírito é espião e a tudo por aí sai espiando
Tentando decifrar tudo o que há por toda parte
E até música por aí ele inventa e sai cantando
Pintando ou bordando com maestria obras de arte

Como Deus meu espírito se sente muitíssimo poderoso
Fazendo verdadeiros milagres de forma magistral
O que me deixa intrigado e até mesmo orgulhoso
Ao ver que ele se sente acima do bem e do mal

Em sonho um Deus meu espírito já me fez sentir
Capaz de nas nuvens ficar para não ser atacado
Por inimigos ferozes que estavam a me perseguir
Mas estando lá em cima por eles não fui assassinado

As mínimas coisas que penso ou tento aqui fazer
Quase sempre não consigo parecendo ser impossível

O que só me faz ficar nervoso e muito a sofrer
Num estado de alma melancólico lamentável incrível

Por que ser impotente com um espírito tão potente
Capaz de maravilhas fazer e ao mundo transformar
Se ele é parte de mim e aquilo que me faz gente
A essência de tudo o que Deus um dia pôde criar?

Por que sou um prisioneiro de uma eterna caverna
Se tenho um espírito que desfruta toda liberdade
Transitando livre desta vida para a vida eterna
Sem nunca ser vítima de nada que contém maldade?

## Eu gostaria de ser plenamente livre

Eu gostaria de ser plenamente livre
Porém, infelizmente, aqui ninguém o é
Pois muitas coisas aqui me dão drible
E eu jamais posso fugir ou dar no pé

Fui criado para viver livre plenamente
Mas muitas coisas e pessoas me prendem
Superestruturas e leis especialmente
As quais meu coração e alma só ofendem

Como um pássaro na gaiola eu aqui vivo
Tendo bebida comida e outras regalias
Mas não sou feliz vivendo assim cativo
Sem poder realizar as minhas fantasias

Por toda parte só me prendem correntes
Impedindo-me de praticar meus direitos
Sou picado por escorpiões e serpentes
Vítima de muitas ondas de preconceitos

Para quase tudo eu recebo um "não pode"
Ou mais ainda e com ênfase um "não deva"
E com isso meu coração quase que explode
Ao ouvir todo dia a frase "não se atreva"

Dizem que estamos numa democracia bem real
Mas sem termos a nossa cidadania respeitada
Por aqueles que querem mandar de forma total
Pouco se lixando para quem tem sua vida arrasada

Como subir na vida sem as mínimas condições
Sem o necessário para manter a sobrevivência
Recebendo não sei por que motivo só punições
Sem ter quem nem sequer possa ter clemência

O coração e a alma noite e dia vivem a clamar
"Até quando teremos que ser vítimas disso tudo
Sendo que podes muito bem em tudo um basta dar
Acabando de vez com todos e com tudo sobretudo?"

"Se a moral não existisse tudo seria permitido"
Já vociferava o grande Sartre filósofo e pensador
Só que em nome dela meu direito é restringido
Sem ser praticada a justiça ditada pelo Criador

Antidemocratas autoritários e tiranos do mundo
Defendem com unhas e dentes uma moral desumana

Como se tivessem pelos outros um amor profundo
Cada um escondendo a máscara de que é um sacana

Ser faraó rei imperador presidente é uma moleza
Quando se tem plenos poderes pra tudo vir a fazer
Deixando os outros levar uma vida de muita dureza
Às vezes não tendo nem sequer comida pra se comer.

## Quem tem educação não age pelo instinto, não

Quem tem educação não age pelo instinto, não
Pois sabe ponderar o que fala e o que faz
No relacionamento com os outros usa a razão
Sempre priorizando os bons princípios e a paz

Todo aquele que não tem educação nos ofende
Tanto pelo modo como fala quanto pela ação
Porque aos seus instintos é que ele atende
Se deixando levar pela cegueira do coração

Nosso espírito precisa sempre ser lapidado
Pelo conhecimento e pela educação no geral
Se quisermos viver tendo os outros do lado
Não fazendo e nunca sendo vítimas do mal

Nossa animalidade faz mais vítimas no mundo
Que os próprios animais, que são irracionais
Se deixamos de lado um sentimento profundo
Que é amar com sabedoria a nós e os demais

Devemos nos afastar de quem é tão ignorante
Que seja capaz de rejeitar a ter educação
Sendo dos vícios e dos maus costumes amante
Pois poderá nos atacar ferozmente como cão

Quem tem educação sempre promove amor e paz
E nunca o ódio e a violência, gerando guerra
Pois ele sabe muito bem do que ele é capaz
Optando por aquilo que gera o bem na terra

Quem é ignorante promove o ódio e a violência
Aonde quer que possa passar ou vir a conviver
Porque para com os outros nunca tem clemência
Pouco se lixando se eles possam ter que sofrer

A ignorância é a pior erva daninha que existe
E aquele que a possui é tão quanto ela perigoso
Pois seu prazer é sempre deixar a gente triste
Sem mais nem menos ele pode vir a ser criminoso

Deus que sempre nos livre do confesso ignorante
Que de tudo o que é ruim é capaz de nos fazer
Não sendo nunca de ninguém um sujeito confiante
Nem confiável cujo lema é só nos fazer sofrer

Pior do que qualquer animal o ignorante o é
Pois é capaz de nos agredir para se mostrar
Querendo nos ver humilhados debaixo do seu pé
Pois para subir na vida só quer em nós pisar

As maiores barbaridades que no mundo ocorrem
São feitas por pessoas ignorantes e sem educação

Pois tão facilmente matam e mesmo morrem
Porque não são guiados pelos princípios da razão.

## Precisamos desarmar os nossos espíritos

Precisamos os nossos espíritos desarmar
Para que a paz possa de fato acontecer
Vindo no mundo e mais ainda em nós morar
Tirando tudo aquilo que possa nos ofender

Não são as armas que machucam e até matam
Pois elas por si nada podem nos fazer
Mas as pessoas que nos ferem quando atacam
Nos tirando até mesmo o direito de viver

Às vezes as palavras podem até nos magoar
Mas logo esquecemos a ofensa e tudo fica bem
Porém as armas podem facilmente nos matar
Se não optamos por vir a fazer o que convém

Nossos espíritos é que fazem as armas ferirem
Matando muitas vezes até quem é bom ou inocente
Fazendo com que da terra muitos venham a sumirem
Como se fossem simplesmente animais e não gente

Sem as armas jamais poderíamos aos outros matar
Porque mesmo tendo os nossos espíritos armados
Jamais iríamos a ninguém facilmente vir a atacar
Pois teremos facilmente nossos ânimos controlados

A paz é fruto de um controle emocional e mental
E para isso precisamos exercitar nossa capacidade
De dominarmos os nossos instintos e nosso ser total
Para não fazermos e sermos vítimas da nossa maldade

Quando Jesus falou para "sermos mansos ou prudentes
Tanto quanto à serpente ou mesmo à simples pomba"
Foi para que ajamos não como os que são dementes
Destruindo a nós ou aos outros tais quais uma bomba

Quem tem o espírito de mansidão e de muita prudência
Jamais poderá vir a causar qualquer mal a alguém
Bem ao contrário daquele que vítima da sua demência
Acaba fazendo aos outros tudo o que não lhes convém

Por quase nada as pessoas já soltam seus ferozes cães
Agindo de forma precipitada e sem a mínima reflexão
Como se numa guerra comandassem tais quais capitães
Deixando de lado a cabeça e agindo só com o coração

Se as pessoas parassem um pouquinho para pensar e agir
O mundo jamais seria esse inferno que aí contemplamos
Porque com toda a certeza a violência iria tão logo sumir
E a paz a vida e tudo de bom seria tal qual sonhamos.

## Uma boa amizade vale mais que um tesouro

Uma boa amizade vale mais que um tesouro
Pois o tesouro poderá nos ser roubado
Mas a amizade enferrujável como o ouro
Tem seu valor quem fica do nosso lado

É maravilhoso ter um tesouro e ser rico
Mas mais maravilhoso mesmo é ter amigos
E entre ambos com o segundo é que fico
Para não ser perseguido pelos inimigos

Ter bons amigos é ter grande felicidade
De forma quase que absoluta e evidente
Enquanto ter tesouro é atrair inimizade
Sujeitando-se até a ter uma morte eminente

Com os amigos bons podemos tudo vir a ter
Enquanto tendo um tesouro sem amigos não
Amigos estão dispostos a tudo nos oferecer
Já sem eles somos só atacados pelo ladrão

"Mais vale amigo na praça que grana na caixa"
É o que diz com propriedade o velho ditado
Que em nossas vidas muito bem se encaixa
E jamais por nós deve vir a ser abandonado

Sem ter amigos a nossa vida é um deserto
É uma terra infértil e incapaz de produzir
Mas tendo amigos nossa vida tem rumo certo
E de tudo poderemos por certo vir a conseguir

Ter um tesouro sem ter amigos é ser pobre
Pois o tesouro se perde muito facilmente
Enquanto os amigos nos são algo muito nobre
Que jamais vem o ladrão para roubar da gente

Os amigos a gente guarda com sete chaves
Enquanto o tesouro não dá para se guardar

E mesmo em meio a todos os nossos entraves
São nossos amigos que sempre vão nos salvar

Embora haja traição e muitas vezes até morte
Por parte dos nossos amigos fiéis considerados
Não é o tesouro que vai decidir a nossa sorte
Mas os nossos amigos e nos momentos inesperados

Ter tesouro e ter amigos é mais do que excelente
Porém ambos não se combinam jamais aqui na terra
Pois quem se atreveu a ter ambos ou ficou demente
Ou foi vítima de perseguição provocando até guerra

Não foi à toa que o Divino Mestre por amigos optou
E não pelo tesouro que lhe ofereceu um dia Satanás
E com eles o mundo inteiro ele quase já conquistou
Promovendo sempre por toda parte só o amor e a paz.

## O "Bicho homem" muito me assombrava

O "Bicho homem" muito me assombrava
Lá na minha infância tenra e inocente
Era do tamanho de uma casa, me contava
Quem só tem prazer em assustar a gente

Ele era dos monstros o mais terrível
Porque também era de todos o maior
E aquilo para mim era muito incrível
Me assombrando de forma cada vez pior

Ouvindo falar dele eu sequer respirava
Tremendo tal qual uma vara bem fininha
Porque de tudo ele faria eu imaginava
Temendo às vezes até ir à casa vizinha

Ele era uma espécie de "rei da bicharada"
Tendo poderes ilimitados e muito feroz
Podendo fazer o mal a quem desse mancada
A qualquer momento apareceria bem veloz

Como tudo para mim era muito exorbitante
Eu imaginava quão enorme ele podia ser
Sendo para mim cada vez mais intrigante
Não vendo a hora de à mim ele aparecer

Hoje analisando essa "inocente" lenda
Posso constatar que ela tem tudo a ver
Com o homem que quer que eu aprenda
Que ele é que é monstro que faz sofrer

Colocado como "rei da criação" pelo criador
O homem recebeu poderes para tudo fazer
Destruindo devastando e causando muita dor
Passa a ser tudo que a criança não quer ter

Como "lobo do próprio homem" já definido
O homem tem na prática isso sempre provado
Por tudo o que no mundo tem sempre destruído
A toda criança ele só pode é ter assombrado

Diferente do animal que mata para se saciar
O homem tem matado e destruído por prazer

Quando poderia fazer algo pra vida preservar
Não permitindo que ninguém viesse a sofrer

Por que o homem tem sido tão sadomasoquista
Fazendo tanta gente sofrer e até ele também
Quando poderia ser mais humano e altruísta
Fazendo só aquilo que promove a paz e o bem?

Por que o homem tem que fazer sempre a guerra
Sendo que ela só traz a morte e a destruição
Acabando com a vida e tudo o que nela encerra
Principalmente tirando a paz do nosso coração?

Até quando esse "Bicho homem" vai me assustar
Pelo seu modo de ser e de agir diante de mim
Querendo com o paraíso de Deus sempre acabar
Sabendo que ele mesmo um dia pode ter um fim?


## Quem pode mais do que Deus?

Quem pode mais do que Deus, pergunto
Com certeza posso dizer que ninguém
Já que é onipotente em todo assunto
Quer seja aqui ou quer seja no além

Deus é o soberano e não se discute
Não tendo quem que a Ele se iguale
E quem disser o contrário é mamute
E lhe falarei: é melhor que se cale

Há quem se atreva a dizer o contrário
Que Deus nem sequer existe de verdade
Com certeza ele não passa de um otário
Querendo negar ao mundo a inegabilidade

Quando ouço raiar o trovão ou relampejar
Logo tremo de medo Daquele que o fez
Pois sei que ele com tudo pode vir a acabar
Destruindo e reconstruindo tudo de uma vez

Quando acontece um terremoto ou um vulcão
Morro de medo ao ver tanta morte e desgraça
Minha alma se amedronta e bate o meu coração
Mesmo sabendo que para Deus isso é uma fumaça

Quando ocorre um maremoto ou uma grande epidemia
Eu fico me perguntando se quem fez isso foi Deus
Sendo que ele é somente amor paz bondade e alegria
Como pôde deixar que isso ocorresse aos filhos seus?

Neste caso quem é ateu ou rival de Deus pode zombar
Vangloriando-se como os que viram nosso Jesus morrer
Não levando em conta que Ele também pode ressuscitar
E no meio dos seus escolhidos para sempre permanecer

Poder contra tudo e contra todos Ele já pôde provar
Embora haja sempre quem a isso nunca quis perceber
E Ele tenha preferido sempre a todos eles só perdoar
Pois sabe que mais do que Ele não há quem vai poder

Somente um ser todo-poderoso pode manter suspensos no ar
Tanto a terra como o sol a lua e toda a constelação

Sem precisar da ajuda de ninguém e isso me faz pensar
Intrigando-me noite e dia causando-me muita admiração

Nós de nada podemos e nos atrevemos a Deus criticar
Como se fôssemos alguma coisa sendo frágeis criaturas
Que só existimos e somos pelo fato de Ele nos criar
Nos esquecendo de que um dia iremos para as sepulturas.

## A vida é fácil de ser vivida

A vida é muito fácil de ser vivida
Só depende de como nós nela atuamos
De forma que não vem a ser sofrida
Se fizemos por onde nos realizamos

Viver é muito bom e muito gostoso
Mesmo se às vezes nós tropecemos
Deixando de ter um futuro glorioso
Importando que jamais nos desesperemos

Cada um sabe o gosto da dor ou prazer
De ter que viver cada um do seu jeito
Pois ninguém deseja nunca aqui sofrer
Mesmo por que aqui ninguém é perfeito

Uns vivem com o máximo de perfeição
Enquanto outros nem o mínimo atingem
Pois não educaram a alma e o coração
E assim em quase tudo só se afligem

Viver é ter atitude correta e boa
Mesmo quando tudo se parece perdido
Não se levando por coisa tão à toa
Mas seguindo o seu caminho preferido

Viver por viver não tem muita graça
Pois o que interessa é viver de fato
Já que a vida tão rapidamente passa
Viver não pode ser um simples ato

Seria maravilhoso viver sempre bem
Não tendo mesmo que vir nunca a errar
Pois assim faríamos só o que convém
E com certeza não viríamos a pecar

Mas ser humano significa ser mortal
Sem poder nunca sequer vir a esnobar
De que se é o bom, perfeito ou o tal
Já que em um instante pode se findar

Mas quem procura viver segundo o bem
Com certeza na vida se dará bem melhor
Do que o que faz só o que não convém
Levando no fritar dos ovos só a pior

Que graça tem ter que complicar o viver
Com atitudes que não levam nunca a nada
Se é mil vezes melhor elevar o nosso ser
Com o que nem com tempo ou a morte se acaba

Podemos com as nossas obras nos eternizar
Nos dedicando a elas de todo nosso coração

Sabendo que tais atitudes irão recompensar
Por não termos passado o nosso tempo em vão

A recompensa maior é podermos contemplar
Daqui ou lá da eternidade tudo o que fizemos
Sabendo que muita gente poderá vir a desfrutar
Tudo aquilo que com nosso esforço obtivemos

## Como será do outro lado da vida?

Como será do outro lado da vida
Até agora ninguém me explicou
Resposta terei com minha partida
Pois quem se foi aqui nunca voltou

O que lá se passa muito me intriga
Pois tudo aqui estudamos pra valer
Mas o que lá existe nos causa fadiga
Já que material não podemos obter

Aqui os sentidos de tudo nos faz captar
Ajudados sempre pela nossa grande razão
Mas do além não conseguimos materializar
Nada daquilo que foge à nossa compreensão

O mundo invisível nos intriga e nos atordoa
Por ser tão intocável e fugir aos sentidos
À nossa razão nada significa e fica até à toa
Pois os objetos que lá há nos são encobridos

Imaginar como possa ser muitos já o fizeram
Até criando com muito brilho muitos enredos
Mas provar qualquer coisa nunca se ativeram
Pois o que vai além-túmulo nos são segredos

Aqui tudo é fantástico por nos ser palpável
Estando tudo ou quase de acesso aos sentidos
Do outro lado sabemos que tudo é imaginável
E por isso é que todos somos muito contidos

Sobre o que há lá nunca podemos como aqui dizer:
Que coisa linda gostosa perfumada ou coisa assim
Então preferimos prudentemente sempre nos conter
Esperando pelo dia em que iremos aqui ter um fim

Ah como seria bom podermos ter acesso à senha!
Para conhecermos tudo sobre o que há no além
De forma que abrir a nós o céu Deus então venha
Mostrando tudo aquilo que à humanidade convém

Até quando ficaremos sem saber sobre esse mistério
Que Deus só a si mesmo quis um dia vir a reservar
Cabendo a nós saber só bem lá depois do cemitério
Talvez se viermos por obra e graça Dele nos salvar

Filmes novelas livros e tantas coisas mais falam
Tudo aquilo que quer o seu autor sobre esse caso
Mas diante de todos há séculos todos sempre se calam
Não sendo isso apenas e simplesmente obra do acaso

Quem pode nos explicar o inexplicável e intrigante
Senão Aquele que um dia encarnou e aqui viveu?

Porque Ele não disse nada para não ser chocante
Ou se disse alguém de dizer a nós logo se esqueceu.

## Num instante pode estar nosso céu ou nosso inferno

Num instante pode estar nosso céu ou nosso inferno
Dependendo de como possamos estar nos comportando
Pois podemos fazer um instante até ficar eterno
Caso seja bom ou sumir conforme estivermos pensando

Há coisas tão boas que nos acontecem de repente
Que gostaríamos que se eternizassem de verdade
Mas há coisas tão ruins que machucam a gente
Que gostaríamos que se apagassem pra eternidade

Acontecem tantas vezes certos momentos deliciosos
Que se pudéssemos pararíamos o tempo completamente
Para curtirmos nossos sentimentos tão maravilhosos
Que invadem nossos corações nossas almas e a mente

Também acontecem tantas coisas tão ruins nesta vida
Que só sentimos sofrimento ou mesmo remorso na alma
Nos impossibilitando até mesmo de encontrarmos saída
Para resolvermos nossos problemas que nos dê a calma

Certas coisas que nos acontecem são tão diabólicas
Que nos faz até perdermos a noção da vida e do tempo
Deixando nossos corações e almas tão melancólicas
Querendo fugirmos de todos sendo escravos do lamento

Às vezes coisas ruins nos acontecem mesmo sem querermos
Ou por não termos pensado direito em nossas atitudes
Então outra coisa não podemos fazer senão sofrermos
Para que possamos purificados virmos a ter as virtudes

Se acertamos em nossas ações o que fazemos é um céu
Se errarmos com certeza o inferno pode vir a acontecer
E teremos que virmos a beber o mais ruim e amargo fel
Que outra coisa não nos fará senão somente muito sofrer

Por outro lado se acertamos naquilo que nós fazemos
Um bom sentimento invade nossa alma e nosso coração
Nos fazendo tão felizes que tudo de bom nós obtemos
Uma vez que acabamos extravasando toda a nossa emoção

Podemos ir do paraíso ao inferno em um breve instante
Assim como podemos ir do inferno ao paraíso de repente
Só depende de como tornamos para nós algo significante
Ou insignificante pelo valor ou não dado na nossa mente

## Que pena que esta vida é só uma passagem

Que pena que esta vida é só uma passagem
Um sonho tão fulgaz diante da eternidade
Muitas vezes nos parecendo uma miragem
Um misto de desgraça loucura e felicidade

Viver é algo maravilhoso e um dom supremo
Sobretudo se temos saúde e paz no coração
De forma que podemos curtir até ao extremo
Tudo aquilo de que gostamos com muita paixão

Alguém já disse que deveríamos ter duas vidas
Uma para ensaiarmos e outra para vivermos
De forma que não teríamos as almas partidas
E nem também os nossos corpos jamais enfermos

Apesar de todas as maldades que existem
A vida ainda é bela e muito maravilhosa
Pois nossos sonhos e desejos consistem
Em fazer com que ela fique mais saborosa

O criador fez nossa vida ser só um instante
Nos deixando o poder de vir a prolongá-la
Fazendo aqui o que é bom e bem edificante
Um dia poderemos na eternidade retomá-la

Há milhares que valor à vida nunca dão
Vivendo mal e correndo o risco de a perder
Mas há tantos que a vivem com admiração
Defendo-a do que é ruim para sempre a ter

Há quem vive a vida dos outros tirando
Desrespeitando o mandamento "não matarás"
Para ele Deus está o inferno reservando
Para viver junto dos perdidos e de Satanás

A vida é tão maravilhosa que Deus vida é
E na pessoa de Jesus quis um de nós ser
Por tudo de bom que nos fez exigiu só a fé
Para vivermos plenamente e o céu merecer

Bom seria irmos pro céu sem virmos a morrer
Sendo o próprio céu aqui mesmo na terra

Mas infelizmente não podemos escolher
Já que a vontade de Deus o papo encerra

Não sei como é o outro lado deste mundo
Já que é algo a todos muito intrigante
Mas pela vida tenho um amor tão profundo
Que daria tudo para vivê-la mais um instante

Para o Apocalipse o último inimigo é a morte
Significando que teremos a vida em definitivo
Mas só Deus pode assim selar a nossa sorte
Nos libertando deste seu ato tão suplicativo

## O que meus olhos não podem ver

Aquilo que meus olhos jamais podem ver
Meu coração jamais poderá vir a sentir
E fica assim prejudicado todo o meu ser
Pois isso também não poderá vir a usufruir

Há tantas coisas que eu desconheço
Espalhadas por este mundão sem fim
Que comparadas com as que eu conheço
Fico às vezes até mesmo com dó de mim

Há quem de quase tudo usufrui na vida
Enquanto há tantos que de quase nada
Então vivo sempre procurando uma saída
Para aquilo que aqui todo mundo brada

Longe dos meus olhos longe do coração
Tudo aquilo que sei que existe por aí
Que poderia me dar bem mais satisfação
Do que tudo que eu até agora usufruí

A vida para grandes coisas nos foi dada
E para tirar o máximo proveito possível
De tudo o que encontrarmos pela estrada
Mesmo que tenhamos que fazer o impossível

Diz-se que um jardim de delícias existe
Para quem for bom poder um dia desfrutar
Mas às vezes eu acabo ficando muito triste
Perguntando-me: será que existe este lugar?

Aqui eu sei que de fato existe um paraíso
Para poucos, sortudos e muito privilegiados
Que em tudo tem só lucros e não prejuízo
Ficando sempre e cada vez mais afortunados

Tudo o que aqui não está ao meu alcance
Muito me faz lamentar e até mesmo sofrer
Por pensar que a vida é somente um relance
E que, além de tudo, até ela eu irei perder

Como seria maravilhoso de tudo poder curtir
Sentindo-se realmente um ser por completo
Que viveu intensamente para depois partir
Não sendo aqui um mero e desprezível objeto

Quantas imagens fantásticas o sonho nos traz
Aguçando sempre e cada vez mais a fantasia

De forma que nosso ego sempre se satisfaz
Uma vez que a realidade só nos angustia!

Viver uma grande vida é morrer realizado
Por ter conseguido tudo o que sempre quis
E não sendo um cão sem dono e desprezado
Já que o objetivo desta vida é ser feliz

Espero poder um dia ter uma visão de tudo
Aquilo que Deus um dia para nós pôde criar
Para me sentir realmente gente e sobretudo
Alguém que viveu com uma história a contar

## As pessoas que Deus põe em meu caminho

As pessoas que Deus põe em meu caminho
São verdadeiros anjos em forma de pessoas
Para me proteger me dando muito carinho
Provando que são de fato muitíssimo boas

Eu só tenho mesmo é que a Deus agradecer
Por todas aquelas que já me deram a mão
Me ajudando na vida para em tudo vencer
Me abrindo a sua alma e até o seu coração

Nomes não vou citar para injusto não ser
Mas tenho uma multidão que nunca esqueço
Na minha alma sempre elas irão permanecer
Pois fizeram por mim aquilo que não mereço

Rezo sempre por essas pessoas maravilhosas
Por terem algum dia o meu caminho cruzado
Sendo para mim amigas gentis e carinhosas
Para que eu pudesse ser um cara abençoado

Obrigado por cada uma dessas pessoas, Senhor
Por cada gesto de carinho que delas recebi
Fazendo-me viver com muito mais fé e amor
Ao ponto de poder viver chegando até aqui

Senhor a cada uma delas por tudo abençoe
Cobrindo-as de muitas bênçãos e de graça
Que eu delas nunca me esqueça e nem enjoe
Mesmo que desapareçam com o tempo que passa.

## O amor é criador de tudo o que existe

O amor é criador de tudo o que existe
Pois ele age em nós com muito poder
Nos levando a fazer como ele insiste
Aquilo que fará alguém vir a viver

Quem ama sabe que um dia veio do amor
E não pode deixar de também vir a amar
Porque desejará sentir dele todo o sabor
Que seu coração um dia irá transformar

Amar é a melhor coisa que pode existir
Porque eleva nossa alma e nosso coração
Para vivermos felizes e sempre a sorrir
Porque sempre causa em nós muita emoção

"Nem o mar pode apagar o amor" na alma
Porque ele é mais abrasador que o fogo
Embora com ele percamos a nossa calma
É ele quem nos ditará as regras do jogo

Só quem ama sabe o que isso significa
Pois com a presença do amor tudo muda
E a nossa vida ele sempre dignifica
E para o que precisamos concede ajuda

Podemos até não sermos felizes amando
No caso de não sermos correspondidos
Mas passaremos toda a vida labutando
Com um amor que nos fez estarrecidos

Mais do que de pão de água e de ar
Nós precisamos mesmo é de muito amor
Que pode nosso coração transformar
Como que embriagados de doce licor

O mundo seria mesmo um imenso paraíso
Se todos nós aqui amássemos de verdade
Sem querer deixar o outro no prejuízo
Praticando contra ele toda a maldade

Somos frutos do eterno amor de Deus
E por isso também devemos nós amarmos
Jamais dando uma de grandes fariseus
Procurando uns aos outros enganarmos

O amor é tudo de bom que Deus nos fez
Para curtirmos a vida sempre numa boa

Mas a ele devemos dizer sim e não talvez
Se quisermos aqui nos sentirmos pessoa

Se recusarmos a amar como quer o amor
Na certa iremos sempre nos arrepender
Porque sentiremos falta do seu calor
E de tudo o que só nos faz vir a viver

O amor é a razão da existência do mundo
Pois graças ao fato de Deus vir a amar
De forma incondicional e muito profunda
Ele quis conosco aqui no mundo contar.

## São Miguel Guerreiro

Ó meu Arcanjo São Miguel Guerreiro
Que venceste ao nosso grande rival
Rogai a Deus por nós e bem ligeiro
Para também vencermos aqui todo o mal

Mensageiro do céu rogai ao Senhor
Para nos dar muita força na luta
Livrando-nos aqui de todo o terror
Até quando acabar a nossa labuta

Não nos abandone sequer um instante
Para o inimigo não vir a nos matar
Fazendo-nos vigiar a cada instante
Nunca nos deixando de a Deus amar

Mesmo que haja guerra ou revolução
Nunca nos deixe ó Arcanjo Miguel
Sendo junto a Deus nossa interseção
Para tirarmos de nossa vida o fel

Assim como na batalha celestial
Em que comandaste os anjos de Deus
Ajude-nos a combater aqui o mal
Pois junto a Deus somos irmãos seus

No mundo há muita violência e morte
E precisamos com isso logo acabar
Senão qual será mesmo a nossa sorte
Se você se negar a vir nos ajudar?

Já que tens o mesmo nome que tenho
Cujo significado é "quem como Deus"
Humildemente pedir-te aqui eu venho
Rogai por mim e pelos irmãos meus

Não queira ficar na eterna glória
Nos deixando no inferno a sofrer
Mas ajudai-nos a fazer a História
Antes mesmo que venhamos a morrer

Abençoa sempre o povo brasileiro
Dando-lhe muita paz e prosperidade
Bem como ao povo do mundo inteiro
Conduzindo-nos para a eternidade

Que possamos um dia no céu morar
Junto de ti dos santos e do Senhor

Quando um dia Jesus vir nos salvar
Para desfrutar do seu eterno amor.

## Este mundo poderia ser um paraíso

Este mundo poderia ser um paraíso
Se dele não fizéssemos um inferno
Toda vez que perdemos nosso juízo
Quer seja no verão quer no inverno

Fazemos a guerra odiamos e matamos
Como se isso fosse uma coisa normal
Não fazemos o bem e nem mesmo amamos
Praticando e sendo vítimas do mal

Quem tem demais deveria repartir
Com quem nada tem nem para viver
Buscando um compromisso assumir
Para que novo mundo possa nascer

Quem odeia deveria passar a amar
Mesmo àqueles que são seus rivais
Para a todos bom exemplo vir a dar
Já que amar aqui nunca é demais

A todos se deveria dar conhecimento
Para aqui radicar de vez a ignorância
Pelo aperfeiçoamento do pensamento
Desde o mais velho ou adulto à criança

Deveríamos ter mais liberdade de ação
Especialmente nos países de tirania
Para que vivendo como a Eva e Adão
Possamos desfrutar da plena cidadania

Os que habitam os céus deveriam descer
Para os que habitam os "infernos" salvar
Acabando de vez com o que faz sofrer
Pela forma de com todos se solidarizar

A natureza deveria ser mais preservada
De tudo e de todo aquele que a destrói
Para que com ela nossa vida seja atada
Fazendo só aquilo que sempre a constrói

As armas deveriam ser todas destruídas
Pois só servem para nos ferir e matar
Deixando sempre nossas almas partidas
Capazes mais de odiar do que de amar

Leis rígidas e prisões deveriam acabar
Mediante o nosso bom comportamento
Sendo desnecessário ao homem as executar
Pois teríamos em nós só bom sentimento.

## Quem inventou a dor deveria desinventá-la

Quem inventou a dor desinventá-la deveria
Porque ela só nos tortura e tira a paz
Destruindo e acabando com nossa alegria
Não permitindo o prazer que nos satisfaz

Pra que serve essa tal de dor que tortura
Sendo que o prazer é mil vezes mais legal
Se ela só nos leva a sentir muita loucura
Tendo na alma e no coração um medo infernal?

A dor não serve a não ser pra nos fazer sofrer
Como se isso para nós tivesse alguma utilidade
Já que nos impede de felizes e muito bem viver
Em busca de nossos sonhos, rumo à eternidade

O prazer é algo natural que todos procuramos
Para nos sentirmos vivos e bem, muito felizes
Em tudo aquilo que de bom e melhor desejamos
Mesmo que às vezes cometamos alguns deslizes

Se sentimos dor é porque há algo de errado
Tanto no nosso coração quanto na nossa alma
Porque vítimas tanto do mal quanto do pecado
Não conseguimos manter em nosso ser a calma

O bem e a paz são ausência de dor e de mal
Mas quando isso ocorre é porque nós falhamos
De forma grotesca ignorante e até mesmo fatal
Já que de fato o suficiente nós ainda não amamos

Só gosta de dor aquele que nos outros a quer
De forma sádica e mesmo terrivelmente odiosa
Seja ele criança jovem homem ou mesmo mulher
Sem nunca deixá-los viver de forma harmoniosa

Quem gosta do prazer vive bem equilibrado
Não deixando a ninguém na vida vir a sofrer

Porque ele sabe o quanto o prazer é desejado
Por todo aquele que procura se satisfazer

Mais do que de pão de prazer é que precisamos
Para sermos felizes e na vida sempre vencer
Toda dor e todo mal aqui nós sempre rejeitamos
Pois nosso objetivo é não termos que sofrer

Entre sofrermos e gozarmos é melhor gozarmos
Tendo paz e equilíbrio em tudo o que fazemos
Enquanto por essa tão breve vida nós passarmos
Desfrutando tudo aquilo que de bom merecemos

Nas guerras e nos governos de todos os tiranos
O que prevalece é sempre a dor e o sofrimento
Porque há aqueles que deixam de ser humanos
E não percebem que há nos outros sentimento.


## Por que cultivar o ódio?

Por que cultivar o ódio
Se ele de nada constrói
Não leva ninguém ao pódio
E só a nossa vida corrói?

Por que não cultivar o amor
Sendo que de tudo ele é base
Dando à nossa vida mais sabor
Quando passamos por cada fase

O ódio nunca nos leva à nada
Porque é energia destrutiva
Que leva a ter ação malvada
Desprezando a ação construtiva

O amor só nos faz mais gente
Capazes de o mundo transformar
Com ação bem mais inteligente
Manifestada no gesto de se dar

Quem odeia só machuca e mata
Impiedosamente aos seus irmãos
Que como pardais por aqui cata
Para sobreviver seus poucos grãos

Quem ama traz de Deus a vida
Nos outros e em si a germinando
Achando contra o mal a saída
Segue em frente tudo mudando

O ódio não pode matar o amor
Já que de Deus o amor nos vem
Mas o ódio significa só terror
E nunca pode aqui semear o bem

Amando nós podemos fazer proezas
Porque o amor é energia positiva
Que não nos deixa fazer malvadezas
Tendo somente ações construtivas

Odiar é o mesmo que semear um veneno
Para aos outros e a si mesmo matar

Principalmente àquele que é pequeno
Por quem Jesus a vida um dia quis dar

Amar é o mesmo que semear flores
No mundo nas almas e nos corações
Cultivando sempre os bons valores
Dando-nos e ao mundo muitas emoções

De que adianta odiar só por odiar
Sabendo que o amor é nossa essência
E que amando o mundo podemos mudar
Agindo com os outros com clemência?

Por que não amar se o amor é tudo
O que podemos aqui desejar de bom
E o ódio aqui não é nada e, contudo,
Só faz destruir todo o nosso dom?

## Ele é o rei do universo

Jesus Cristo é o rei do universo
Mais ainda rei do nosso coração
A ele cantamos em prosa e verso
Demonstrando-lhe a nossa paixão

Ele é rei soberano da nossa alma
E em nós reina com seu grande amor
Sempre nos devolvendo a sua calma
Quando estamos em meio ao terror

Enquanto outros reinam com poder
Mandando e desmandando aqui no mundo
Ele reina com amor sem se aparecer
Demonstrando sentimento profundo

Seu reinado se passa pelo serviço
A todos nós que Deus a Ele confiou
Assumindo conosco um compromisso
Quando vivo e quando ressuscitou

Seu reinado nunca um fim aqui terá
Porque acima de tudo Deus O elevou
Sabendo que seus filhos Ele libertará
Já que uma aliança com eles confirmou

Com Ele o mundo se transformou de vez
Desde quando nasceu até quando partiu
Já que a Deus falou sim e não talvez
E com Ele e nós um compromisso assumiu

Só um Deus faria o que Ele fez de fato
Milagres por muitos já comprovados
Deixou claro que Ele é um Deus exato
Fazendo tudo por todos os seus amados

Mesmo estando agora do outro lado da vida
Nos garantiu que jamais nos deixaria
Ao ver dos seus as lágrimas da despedida
Já que aqui Ele montou a sua estrebaria

Se subirmos ao céu lá O encontraremos
Se descermos aos infernos também estará

Porque Ele não morre nós é que morreremos
E por todos os séculos Ele aqui reinará

Tudo passa e acaba mas Ele aqui permanece
Como um Rei imortal e Senhor inigualável
Porque pelo que fez a Deus e a nós merece
Estar no paraíso e num trono confortável.

## Por que não somos quem queremos ser?

Por que não somos quem queremos ser
Neste mundo tão conturbado e desigual
Onde uns conseguem tudo e até vencer
Enquanto outros são vítimas do mal?

Por que nossos sonhos não são realizados
Do jeito que queremos ou planejamos
Às vezes sendo por muitos atrapalhados
Já que um lugar ao Sol nós buscamos?

Por que há sempre armações contra nós
Feitas por pessoas injustas e maldosas
Que não ligam se não temos vez ou voz
Já que elas desfrutam posições honrosas?

Por que será que nosso esforço é em vão
Quando tantas coisas tentamos realizar
Vendo ficar dilacerado o nosso coração
Por quem só pensa mesmo em nos maltratar?

Por que será que a vida às vezes é cruel
Não nos dando uma chance de nos redimir
Mas nos fazendo beber o mais amargo fel
De quem só pensa mesmo em nos destruir?

Por que será que tudo o que fazemos de bom
Quase sempre por muitos não é reconhecido
E o mal que, por acaso não faz o mesmo som
Quem o faz não tem o castigo que é merecido?

Por que será que nossos defeitos se noticiam
Aos quatro cantos do mundo ou do planeta
Enquanto nossas virtudes que nos beneficiam
São escondidas e não se veem nem com luneta?

Por que será que nossas palavras são ocas
Para muitos que aqui se consideram os tais
Querendo aqui sempre fechar as nossas bocas
Só porque exigentes sempre queremos mais?

Por que será que nem sempre somos ouvidos
Por aqueles que até dizem que nos amam
Mas sempre nos deixam cabisbaixos esquecidos
E até de nós para os outros eles difamam?

Por que será que há quem faça de Deus papel
Nos julgando de forma impiedosa e implacável
Sendo conosco maldoso injusto e até cruel
Nos dando um tratamento de um miserável?

## Muitos gostariam de ser Lula

Muitos gostariam de ser Lula presidente
Para desfrutar o que oferece o poder
Mesmo que de todos ele seja exigente
Com toda a certeza ele só faz enriquecer

Ser presidente do Brasil não é moleza
Mas todos gostariam de um dia vir a ser
Mesmo sabendo que sofrerá com certeza
Toda a pressão que o povo possa fazer

Foi por méritos dele que Lula lá chegou
Enfrentando a repressão e o preconceito
Por ser pobre semiletrado e nordestino
E nem se quer ter sido um dia prefeito

De simples operário a presidente do Brasil
Mostrou que é possível o sonho realizar
Basta ser sincero e ter espírito varonil
Pode-se até mesmo esse mundo vir a mudar

Três eleições pra se eleger foi preciso
Mas Lula não desistiu de seguir lutando
Procurando ser humilde e com muito juízo
Pela terceira vez o poder acabou ganhando

A vida e o poder pertencem a quem é forte
Já dissera Charles Darwin a todo mundo
Lula foi e é um cara que tem muita sorte
Porque tem no peito sentimento profundo

Governar não é nada fácil para ninguém
Seja o que for, até mesmo a própria vida
Porque todos queremos ser na vida alguém
Mas nem sempre sabemos o ponto de partida

O povo votou sabiamente e reelegeu Lula
Por ser quem é e confiante no que falou
Agora feliz e contente o povão até pula
Esperando acontecer o que sempre desejou

Apesar de tudo que de ruim já aconteceu
Lula tem do povo um voto de confiança
Sabendo que o nosso povo não esqueceu
De que ainda está viva a sua esperança

Um futuro promissor está a nos esperar
Basta que Lula seja competente bastante
Para em seu governo tudo de bom realizar
Não sendo corrupto sequer um instante.

## Inspiram-me os poetas que já partiram

Inspiram-me os poetas que já partiram
Dentre eles o grandioso poeta Camões
Por ter visto o que outros não viram
Tocava todas as almas e os corações

Jamais poderia esquecer-me do Dante
Por ter escrito a sua Divina Comédia
Demonstrando ter sido ele um gigante
Dizendo que aqui vivemos numa tragédia

Inspira-me o gênio Fernando Pessoa
Por tudo o que pôde criar escrevendo
Falando ao mundo tanta coisa boa
Que até mais de um ele acabou sendo

Shakespeare foi um ser extraordinário
Em tudo o que ele pode no mundo criar
Elevando sempre aqui o seu imaginário
Fez com que com ele pudéssemos sonhar

Tereza D'Ávila é outra muito maravilhosa
Que admiro pelo que deixou aqui escrito
Demonstrando ser com Deus bem carinhosa
Escreveu maravilhosos hinos para Cristo

De Castro Alves eu também sou muito fã
Por ter lutado muito em prol da Abolição
Demonstrando que a sua vida não era vã
Defendeu de corpo e alma a nossa nação

Gonçalves Dias é outro que eu considero
Pela sua bravura e pelo seu heroísmo
Em tudo que disse com muito esmero
Demonstrando todo o seu altruísmo

Patativa do Assaré não poderei esquecer
Por ter cantado em prosa e em verso
Tudo aquilo que só nos faz engrandecer
Nesta curta passagem por este universo

Vinícius de Moraes é alguém especial
Que marcou a minha vida de juventude

Com sua poesia e até música genial
Fazendo-me viver com mais plenitude

Cecília Meireles se destaca também
Pela forma como nos ensinou a pensar
Procurando ser mais e ir bem além
Fez da sua vida um martírio no altar

Olavo Bilac é um exemplo de patriotismo
Pela forma como exaltou a nossa nação
Nos ensinando mais do que o civilismo
À pátria dedicou-se de todo o seu coração

Thiago de Mello é um exemplo de poeta
Que jamais poderá vir a ser esquecido
Porque foi mais que um grande profeta
Na luta pelo nosso povo tão sofrido.

## Meus alunos são muito criativos

Meus alunos são muito criativos
E muitos têm muita inspiração
Em tudo encontram bons motivos
Para dizer o que vai no coração

Pequenos gênios eles parecem ser
Em tudo aquilo que eles criam
Querendo que todos possam ver
Tudo aquilo que deles não viam

Têm tudo pra na vida dar certo
Basta assim sempre continuarem
Contando com o "instrutor" certo
Para na vida sempre se acertarem

O mundo de pessoas assim precisa
Para não continuar só desse jeito
Porque eles são a excelente brisa
Que exala um perfume bem perfeito

Avante desbravadores do universo
Porque sois o sol de um novo dia
Cantais em prova e em bom verso
Tudo o que nos dá a maior alegria

Admirado eu estou com vosso dom
Torcendo para ele sempre conservar
Fazendo ao mundo tudo que há de bom
Ajudando-o a vir do mal se libertar

Parabéns por tudo o que pude ver
Saído de vossas mentes e corações
Creio que nunca irei vos esquecer
E sempre estareis em minhas orações

Boa sorte desejo-lhes de coração
Aonde quer que possam ir ou estar
Esperando que sejam gênios da nação
Capazes de o mundo vir a transformar

Quem me dera poder vê-los um dia
Formados e fazendo valer o saber

Nos dando e aos seus toda alegria
De que valeu a pena os conhecer

Só o futuro dirá o que vocês serão
Embora desde já em vocês ponho fé
Acreditando que sereis farol-clarão
E dos estudos nunca irão arredar pé.


## A todos os meus queridos amigos

A todos os meus queridos amigos
Uma singela palavra vou dirigir
Para vê-los todos bem conduzidos
Nesta arte de a palavra esculpir

Sejam todos bem generosos comigo
E com todos os que por aqui passar
Abrindo seus corações como um abrigo
Para todos de suas palavras alimentar

Expressem sem medo o que vai na alma
Deixando falar abertamente o coração
De forma que quem vos ler se acalma
Encontrando quem sabe a libertação

Procure o poeta que está dentro despertar
Adormecido como um grande vulcão
Sabendo que eu e outros iremos te ajudar
Te possibilitando a vir a ter inspiração

O mundo tem sede e fome de poesia
Porque há por aí muita droga e podridão
Que só destrói e até tira nossa alegria
Intoxicando e envenenando nosso coração

Não deixe para depois para ser poeta
Porque em potencial todos já somos um
Basta acreditar e seguir firme uma meta
Sem nunca se envergonhar ou temer mal algum

Não precisa querer ser um Fernando Pessoa
Um Camões um Castro Alves ou outro maior
Basta ser você mesmo sem viver por aí à toa
Deixando que a sua imaginação seja a melhor

Ser poeta é muito fácil e também muito bom
É só você dar o primeiro e pequeno passo
Que logo a você será dado lá do alto o dom
Fazendo tão simplesmente assim como eu faço

Portanto ouça e vivencie o meu bom conselho
Decida hoje mesmo ser um poeta de verdade
Para pensar e sentir mirando-se no meu espelho
Deixe aqui aquilo que ficará para a eternidade.

## Eu também tenho um sonho

Não quero apenas aqui viver
Mas quero fazer a diferença
Libertando quem está a sofrer
Vítima da dor ou da doença

Ah! Quem me dera poder realizar
Todos os sonhos que tenho
O mundo eu iria transformar
Com garra e bom desempenho

Gostaria de meus sonhos semear
Para toda a face desta terra
Para ensinar a todos a amar
Visando acabar com a guerra

Gostaria de com a fome acabar
E por tabela com a violência
Para que todos possam sonhar
Sem ser vítima da demência

Por que nossos sonhos se vão
Morrendo sem mesmo nascer
Se somos filhos de Eva e Adão
Não podemos o paraíso merecer?

Num mundo de tantas proibições
Pelo menos sonhar posso fazer
Sem deixar levar pelas ilusões
Que a muitos fazem sofrer.

## Nostalgia de um candidato e de um eleitor

Se em mim você votar prometo um jogo de camisa
Se um jogo de camisa você me der em você vou votar
Afinal de contas não posso viver só assim de brisa
Ah! Espero que não venha jamais a me decepcionar

Se em mim você votar eu a você darei um padrão de luz
Se um padrão de luz você me der o meu voto é seu
Ah! Não posso perder! Ave Maria! Credo em cruz!
Ah! Se você perder a mim, um eleitor você perdeu

Se em mim você votar eu a você darei um bom emprego
Se um bom emprego me deres jamais a você esquecerei
Ah! Lá no gabinete vai ter muita grana e só sossego
Porém se assim não fizeres em você jamais votarei

Se eu vier mesmo a ganhar você será o meu assessor
Ah! Sendo assim irei me desdobrar para a ti eleger
Com isso eu e você teremos um futuro promissor
Se você pôr outro em meu lugar comigo você há de ter

Se de fato votares em mim irei também a ti eleger
Ah! Que bom! Quero vir a ser um grande político
Ah! Meu desejo é que você possa o meu herdeiro ser
Se não cumprires com isso eu a ti vou deixar paralítico

Se eu ganhar esse pleito você jamais será pobre
Ah! Então farei campanha nas casas e em toda parte
Oh! Meu sonho é ser bem famoso rico e muito nobre
Ah! Mas se me traíres eu a ti mandarei lá para Marte

Ah! Se eu ganhar essa eleição serás o meu ministro
Ah! Então terás meu voto dos amigos e da família
Oh! Só que poderei vir a ficar bem mais sinistro
Não tem problema! Que importa é ganhar Brasília.

# Eu amo amar o amor

Eu amo amar o amor porque ele é tudo
Sem ele com certeza eu não existiria
Não seria feliz e nem teria sobretudo
A capacidade de expressar a alegria

Amar é algo que todos podem perceber
Pois já na barriga da mãe nós amamos
Pois é o amor que nos fazem crescer
Quando em óvulos e espermas começamos

Se eu não amar não poderei ser feliz
Porque a felicidade é filha do amor
Tendo lá em cima um Deus que bendiz
Me dando o que gera vida: luz e calor

O amor transformou o meu modo de ser
Desde o dia em que pude de fato amar
Aquela que eu jamais poderei esquecer
Mesmo que eu jamais a venha encontrar

Ah! O amor de Deus é tudo para mim
Sem ele não acho sentido pra viver
A vida até parece ter chegado ao fim
Traduzindo-se apenas em dor e sofrer

O mundo seria um inferno e não paraíso
Se o amor não existisse no coração
Poderíamos até mesmo perder o juízo
Vivendo sempre em meio a uma confusão

Porque amamos o paraíso antecipamos
Deus anjos e santos aqui trazendo
Pela maneira como nós aqui atuamos
Milagres e maravilhas aqui fazendo

O mal jamais poderá vir a me atingir
Enquanto o amor em mim vir permanecer
Porque ele é quem me faz tudo sentir
Protegendo de tudo que me faz sofrer

Quem não ama não tem vida e não existe
Porque o amor é acima de tudo a vida
Que em Deus e no amor sempre consiste
Sendo para tudo um remédio e uma saída

Como é maravilhoso e gostoso amar
Mesmo que não se seja também amado
Porque pode fazer o coração elevar
Nos realizando sem medo do pecado

Seria ótimo se o amor se eternizasse
Não indo embora do coração da gente
De forma que todo mundo também amasse
Para que todo mundo fosse contente

Posso dizer que eu vivi porque amei
E um dia também fui plenamente amado
Eu não apenas por esta vida passei
Porque pelo amor já fui transformado.

## O rico e o pobre

O rico tem de tudo e um pouco mais
O pobre não tem nada e tudo falta
O rico tendo tudo não vive em paz
O pobre sempre tem quem lhe assalta

O rico nada em mares de dinheiro
O pobre não tem sequer um centavo
O rico viaja pelo mundo inteiro
O pobre só trabalha como escravo

O rico esbanja fazendo ostentação
O pobre nem pode bem se alimentar
O rico demonstra que é um epulão
O pobre às vezes tem que mendigar

O rico vive em prédios e mansões
O pobre nem casa tem para morar
O rico curte as maiores emoções
O pobre passa a vida só a lamentar

O rico ganha sempre na loteria
O pobre nunca ganha quando joga
O rico na vida tem muita alegria
O pobre só em tristeza se afoga

O rico sonha do mundo ser dono
O pobre nem sequer pode sonhar
O rico tem paz e um ótimo sono
O pobre tem pesadelos sem parar

O rico tem segurança e capataz
O pobre só tem Deus por vigia
O rico tem tudo que o satisfaz
O pobre nada tem a não ser agonia

O rico só recebe apoio e elogio
O pobre é desprezado e criticado
O rico sempre aumenta o seu brio
O pobre como Cristo é crucificado

O rico tem prestígio força e poder
O pobre vive aqui sem consideração
O rico parece que nunca vai morrer
O pobre como Cristo sofre a paixão

O rico já tem aqui o seu paraíso
O pobre já aqui o seu inferno tem
O rico se ficar pobre perde o juízo
O pobre a eternidade espera no além.

## O que será do nosso amanhã?

O que será do nosso amanhã sabe alguém?
Diante de tudo de ruim que está havendo
Talvez muito em breve iremos para o além
Porque talvez em breve estaremos morrendo

Já extinguiram muitas espécies no mundo
Seja de inseto de planta ou seja de animais
Por falta do nosso amor mais profundo
Por sermos gananciosos por demais

Morre muita gente de fome em toda parte
Como se não houvesse no mundo fartura
Talvez a Terra será tal qual em marte
E nosso destino será mesmo a sepultura

É triste ver tanta violência e tanta guerra
Presente em todos os quatro continentes
Destruindo a vida de muitos pela terra
Como se fossem animais e não gentes

De que adianta sem o homem este mundo
Para fazer dele um paraíso ou um céu
Conforme a força do seu amor profundo
Tirando do mundo toda a amargura do fel?

Este mundo tem que ser salvo por Deus
Antes que o homem com ele logo acabe
Matando e destruindo os filhos seus
Fazendo com que tudo logo se desabe

É preciso que toda a humanidade reze
Pra que Deus misericórdia de nós tenha
Porque caso Ele a todos nós despreze
Será preciso que Jesus logo a nós venha.


## O meu eu não é feito mas faz-se

Diferente dos animais não nasci feito
Mas me faço a cada dia que passa
Porque sabendo que não sou perfeito
Corro o risco de cair em fracasso

Embora eu seja também um animal
Preciso cultivar os dons do espírito
Para não ter que ser vítima do mal
Com os outros entrando em conflito

Tenho que abrir mão do meus vícios
Para eu ter saúde e não vir a gastar
Já que isso me traz muitos benefícios
Tendo que bons hábitos sempre cultivar

Como tenho que por mim ser responsável
Tenho que fazer o que por mim ninguém faz
Desdobrando-me de forma mui admirável
De forma que possa vir a viver em paz

Longa é a jornada em busca da perfeição
Pois não sendo perfeito tenho que estudar
Para colher os bons frutos da educação
E para os desafios da vida me preparar

Como um artesão tenho que me lapidar
Me desfazendo de tudo o que me atrapalha
Para sempre poder melhor me relacionar
Conseguindo vencer qualquer batalha

Quanto mais eu aprender melhor
Pois poderei na vida sucesso obter
Sem correr o risco de ficar na pior
Tendo todas as chances de vencer

É indispensável sempre me vigiar
Para não correr o risco de vir a cair

E como um frágil vaso me quebrar
Ou cometendo erros alguém me punir

A vida é muito complicada para vivermos
Porque encontramos exigências por demais
Tendo que lutar muito para sobrevivermos
Tendo de não perdermos a paciência e a paz

Apesar de todo esforço para melhor eu ser
Vale a pena investir muito em meu potencial
Procurando o melhor de mim e da vida obter
Sabendo que serei recompensado lá no final.

## Eu quero ter sorte no jogo e no amor

Eu quero ter sorte no jogo e no amor
Na minha vida e em tudo me dando bem
Para que eu tenha muito mais valor
Vindo a me tornar na vida um alguém

Assim como muitos se dão bem em tudo
Eu muito desejo e quero também me dar
No amor e principais loterias sobretudo
Para que eu possa na vida me realizar

É muito duro e ruim ser tão azarado
Enquanto há quem tanta sorte têm
Ganhando grana e ficando afortunado
E em tudo no amor se dando mui bem

Gostaria de ganhar em alguma loteria
Para dar uma reviravolta na minha vida
Fazendo realizar uma desejada utopia
Para os problemas encontrando saída

Não posso Senhor ser tão azarado assim
Já que a sorte para todos se oferece
Buscá-la eu irei sempre e até ao fim
Pois ser sempre pobre ninguém merece

Quero ter sorte em tudo que eu fizer
Germinando tudo o que eu vier a plantar
Conseguindo realizar tudo o que quiser
Sem jamais dar bandeira para o azar

Há tanta fortuna disputada no mundo
E eu nada de ganhar pelo menos um pouco
Sentindo-me um pobre coitado vagabundo
Até quase ficando paranoico ou louco

Há quem se dá bem em quase tudo na vida
Enquanto eu e tantos por aí somos azarados
Não dando bem em quase nada como saída
Para os problemas por nós encontrados

Diz-se que sorte tem quem acredita nela
Embora eu nela acredite e até agora nada
De ela vir bater na minha porta ou janela
Mesmo eu atrás dela correndo na estrada

Espero que Deus me abençoe para ter sorte
Em meus sonhos planos e projetos diários

Me realizando plenamente antes da morte
E vir a fazer parte do rol dos milionários.

## O maligno e o mal no mundo

O maligno e o mal no mundo é um mistério
Que nós ainda não conseguimos explicar
Pois tão logo nós vamos para o cemitério
Nos restando bem pouco tempo para estudar

Desde os primórdios o maligno nos ataca
Levando-nos a sofrer e até mesmo a morrer
Usando diversos instrumentos como a faca
Importando para ele nos fazer desaparecer

Deus em sua eterna bondade nos deu a vida
Enviando Jesus Cristo para por nós vir a morrer
Para que contra o mal encontrássemos saída
E desafiássemos o Demônio e o seu poder

Para nós como um grande desafio existe o mal
Exigindo que nós acabemos com ele de uma vez
Se não quisermos morrer de forma cruel e fatal
Agindo sem pensar com ignorância e insensatez

O Demônio e o mal são forças aliadas no mundo
Pois ambos nos atormentam e nossa vida tiram
Provocando em nós o sentimento mais imundo
Sem que saibamos jamais de onde ambos saíram

Por que Deus não criou outro desafio diferente
Que não o mal e com ele o Demo para vencermos
Já que ele nos criou assim tão fragilmente
Correndo sempre o risco de nos perdermos?

Embora Deus nos criou livres para decidirmos
O que de fato queremos ou não para nós mesmos
Tudo o que fizermos teremos que assumirmos
Se não quisermos ter que viver por aí a esmos

O mal é uma energia negativa que o Demo a usa
Para nos fazer sofrer ou até mesmo nos matar
Inspirando-nos também a fazê-lo ele nos acusa
Para diante do Deus-consciência nos condenar

Precisamos pedir que Deus sempre nos liberte
Do poder do Demônio e de toda a sua maldade
Para que com o caminho do céu cada um acerte
Passando por este mundo e indo pra eternidade

São Paulo disse que depois de ele tudo ter vencido
Espera o galardão de Deus conforme sua promessa
Como forma de dizer que o mal por Deus é "querido"
Para que vencendo sejamos gratificados à beça.

## Não importa o que você foi na vida

Não importa o que você foi na vida
E sim o que você está sendo agora
Pois o passado se foi teve partida
Importando que se saiba fazer a hora

Não importa se você errou algum dia
Mas sim que você com o erro aprendeu
Sabendo que erro e acerto geram utopia
Para fazer surgir tudo o que não nasceu

Não importa que você ainda não acertou
Importa que você esteja sempre tentando
Pois errando Thomas Edison a lâmpada inventou
E hoje as nossas noites ele está iluminando

Não importa se não encontraste seu amor
Importa que continuas de coração aberto
Sempre à procura dele e se dando valor
Que ele te achará por estar bem perto

Não importa que não tenha muitos amigos
Importa valorizar os poucos que tenhas
De forma que não se tornem seus inimigos
E por causa disso sofrer muito venhas

Não importa que ainda não tenhas ganhado
Mas que continue apostando sempre na sorte
Pois não há ninguém completamente azarado
A não ser que isso se concretize na morte

Não importa se você ainda não é tão feliz
Importa é você lutar sempre pela felicidade
Pois ninguém nunca conseguiu tudo o que quis
Guardando esse sonho-desejo para a eternidade

Não importa que aconteça terremoto ou guerra
Importa que você jamais perca sua esperança

Sabendo que tudo passa aqui em cima da terra
E que temos um Deus que conosco fez aliança

Não importa que digam que o mundo vai acabar
Importa que antes que ele acabe você não acabe
Mas arregace as mangas procurando se realizar
Não permitindo nunca que seu sonho-plano desabe

Não importa que venhas hoje ou amanhã a morrer
Importa que tenhas conseguido fazer algo útil
Para evitar que seu irmão venha muito a sofrer
E assim não terás levado uma vida tão fútil

## Um dia nós nos amamos de forma descomunal

Um dia nós nos amamos de forma descomunal
Sentindo uma paixão arrebatadora na alma
E no coração nos invadiu um desejo total
Que tirou completamente a nossa calma

Nem dormir nós conseguíamos naquele tempo
E uma insônia eterna invadiu o nosso ser
Até a fome nos tirou o nosso sentimento
Pois somente buscávamos o nosso prazer

De tanta paixão nem estudar conseguíamos
Pois não conseguíamos direito concentrar
E assim só péssimas notas nós obtínhamos
Tendo até dificuldade para de ano passar

Também trabalhar com afinco era impossível
Pois o amor muito mais alto em nós falava
E sentíamos pelo outro uma atração incrível
De forma que sem controle tudo nos dominava

Amor igual àquele nunca eu tinha sentido
E com certeza até hoje jamais pude sentir
Pois por você senti muitíssimo querido
Tendo na alma e no coração um sol a reluzir

Aquela carta que até hoje guardo tudo diz
Sobre tudo o que ia na sua alma e coração
Sentindo-se muito e completamente feliz
Por ter sido invadida de fato pela paixão

Aquele beijo que demos foi mui arrebatador
E nem jantei para os dentes não escovar
Por ter sido transformado pelo seu amor
Ao ponto de diante do espelho ficar a chorar

Chorei muito sem saber o que eu iria fazer
Pois seu irmão que eu não conhecia nos viu
Beijando calidamente sem a porta aberta ver
Quando me disseste medo terrível me invadiu

Ficaste atrás de mim o tempo todo e eu fugia
Alegando sonho impossível ou mui orgulhoso
Até que um dia minha ficha e/ou barraco caía
Mas era tarde e lá se fora o amor maravilhoso

Faz muitos anos que não mais nos reencontramos
E pelo fogo da saudade de você eu fui queimado

Sendo que tanto eu como você com outro ficamos
Mesmo sabendo que o amor em nós está aprisionado.

## Eu sou um mendigo Senhor

Eu sou um mendigo Senhor
E me conheces muito bem
Ninguém já me dá valor
Vivo como um Zé ninguém

Nem o que comer eu tenho
E vivo da tua misericórdia
Pedir-te compaixão eu venho
Pois sou motivo de discórdia

Vivo sempre maltrapilho
E a muitos causo até nojo
Com estigmas do seu Filho
Sou rejeitado por meu povo

Eu não tenho onde dormir
E durmo mesmo ao relento
Tendo que na pele sentir
Aquilo que mal aguento

Ao pedir me negam esmola
De vagabundo me chamando
Mas não me deram escola
Para eu estar trabalhando

Parentes não me reconhecem
Tendo vergonha ao me verem
Para mim corações endurecem
Somente para me maldizerem

Eu estou sujeito à violência
De quem quer de mim se livrar
Mas a ti Senhor peço clemência
Para que não o deixes me matar

Estou perto do "berço da riqueza"
Mas ninguém ousa nada me dar
Me deixando na extrema pobreza
Manipulado por quem se candidatar

Vivo viciado em drogas e bebidas
Como uma válvula de escapamento
Para poder curar as minhas feridas
Superando um pouco o meu sofrimento

Tenha compaixão de mim, meu Senhor
E me ajude como ajudaste teu Filho
Que eu possa à minha vida dar valor
Tendo no corpo e na alma novo brilho.

## O paraíso que eu sonho

O paraíso que eu sempre sonho
Em primeiro lugar deve ter Deus
Depois aí a paz sempre proponho
Para mim e para os irmãos meus

Ele não deve nunca ter guerra
Para destruir ou mesmo matar
Coisas, animais e gente da terra
Mas tudo e cada um deve se salvar

Ele deve ter sempre muita criança
Para espalhar sempre muita alegria
Para quem vir a perder a esperança
Deve-se propor sempre mais a utopia

Ele deve ter cidadãos mui conscientes
Capazes de administrar seus destinos
Sem se corromperem ou ficarem dementes
Sendo o poder e o dinheiro seus desatinos

Ele vai ter quem sempre salve a vida
Tendo-a com um valor sempre absoluto
Procurando curar toda e qualquer ferida
Para que ninguém jamais fique de luto

Ele vai ter quem sempre no outro confia
Sabendo que não será traído ou enganado
Pois transparentes viveremos em sintonia
Sabendo que um dia partiremos pro outro lado

Nele todos tudo sempre em comum terão
E cada um socorre o outro na necessidade
Pois vivendo segundo o amor do coração
Todos buscarão de cada um a felicidade

Nele o que vai importar é de fato amar
Sem essa de apego ou de ciúme doentio

E cada um buscará no outro se realizar
Para que ninguém venha sentir-se vazio

Nele não haverá fronteiras entre os países
Pois todo o universo será uma só nação
E o objetivo é que todos vivam bem felizes
Sem jamais permitir entre nós a divisão

Nele não será necessário regras ou leis
Pois agiremos conforme nossa consciência
Quer sejamos cidadãos ou até mesmo reis
Porque com ninguém perderemos a paciência.

## Ameaças, difamações e sequestros

Estamos sujeitos a ameaças e difamações
Por parte de bandidos ou de inimigos
Que tiram a paz dos nossos corações
Colocando as nossas vidas em perigos

Sendo ameaçados, perdemos logo a paz
Pois não é nada fácil sofrer ameaças
Pois nos faz perder o que nos satisfaz
Nos fazendo sempre cair em desgraças

Difamações põem em xeque nossa moral
Como se Deus e o mundo nos condenasse
Às vezes sem saber de onde vem o mal
Mas sentindo que a nossa alma ele matasse

Usam-se muitos meios para nos ameaçar
Desde simples bilhete e até a televisão
Visando nos extorquir e até amedrontar
Tirando sempre a paz do nosso coração

Corremos riscos de sermos sequestrados
Por bandidos ou até por quem não seja
Bastando para isso estarmos endividados
Mesmo que para isso ralamos em peleja

Há quem tenha prazer em nossa paz tirar
Pouco se lixando pelo que venhamos sentir
Pois o seu desejo é somente nos torturar
Nos tirando o direito de ter paz e sorrir

Mesmo sem provas a nossa família ameaçam
Ou forjando provas só para nos engrupir
Como animais indefesos sempre nos caçam
Crendo ser fácil a tudo vir a conseguir

As autoridades não nos dão a devida guarda
Para vivermos com segurança como desejamos
E muitas vezes até mesmo quem usa uma farda
Ataca-nos quando dele menos suspeitamos

Quem poderá a paz verdadeira nos oferecer
Numa sociedade que nos ameaça de todo jeito
Fazendo com que de todos venhamos a temer
De forma que qualquer um nos seja suspeito?

Onde acharemos dinheiro para pagar resgate
Quando uma fortuna imensa nos for cobrada

Já que se não o pagarmos iremos para o abate
E a pessoa que nos mata nunca é encontrada?

## Quem sou eu?

Sou um cara que tem pés na terra
Mas que vive de olhos lá no céu
Aonde tudo o mais sempre encerra
Embora vemos tudo envolto em véu

Sou um poeta que a mim mesmo leio
Já que eu também sou um professor
E em meu potencial também eu creio
Procurando ser eu mesmo meu leitor

Nada do que escrevo deixo engavetado
Mas procuro ao mundo sempre publicar
Conforme aquilo que me for inspirado
Com coragem e fé trato logo de revelar

Como a fênix das cinzas sou renascido
Para lutar pelo meu lugar nesta vida
Conforme por alguém me foi prometido
Procurando para os problemas uma saída

Sonho com um mundo humano e justo
Para mim os parentes e todo mundo
Ainda que a minha vida seja o custo
Tendo no coração um amor profundo

Ensino com carinho tudo o que aprendo
Divulgando as maravilhas da sabedoria
Dando de graça pois na net não vendo
Já que nisto consiste a minha alegria

Não me rendo nunca em meio ao fracasso
Mas trato de com garra tudo superar
Sabendo que por onde quer que eu passo
Encontro quem se dispõe a me ajudar

Tenho meus sonhos, planos e projetos
E por eles eu dou o máximo de mim
Para que as pessoas não sejam objetos
É que trato de lutar desse jeito assim

Trago na alma e coração um vazio imenso
Que não serão preenchidos nem satisfeitos
Na brevidade da vida eu sempre penso
Procurando soluções para meus defeitos

Dói no meu peito não ver ainda realizado
Quase nada de tudo o que sempre sonhei
Mas nem por isso eu fico tão desesperado
Já que em vista de outros muito alcancei.

## Ao meu querido pai Salustiano

Pai aqui venho a ti agradecer por tudo
Afinal se tenho minha vida a ti a devo
Que com minha mãe me desejou sobretudo
Por isso é que isso aqui agora escrevo

Com mãe você me fez embora eu ainda não existia
Me dando a chance de também vir a viver
E se sou alguém é porque sempre e todo dia
Ficastes por mim a lutar rezar e torcer

Quantas vezes juntos na roça trabalhamos
Puxando enxada de sol a sol e chuva tomando
Mesmo que até fome tantas vezes passamos
Os pontos nós jamais acabamos entregando

Fizestes de tudo para bem de nós cuidar
Mesmo sendo nós muitos filhos de mãe e tia
Na roça e no comércio procurando trabalhar
Sempre com o intuito de só nos dar alegria

Com a lavoura perdendo você não desesperou
Ou fracassando no comércio com os fiados
Mas outras formas de viver você encontrou
Podendo agora ver os seus filhos criados

Viveste muitos anos bem-vividos e bem-amado
Tendo o amor de duas mulheres e dos filhos
Que muito bem-educados a ti fizeram honrado
E todos procuram seguir sempre seus trilhos

Cultivaste sonhos como JK politicamente falando
Mas infelizmente não os conseguiste realizar
E esperançoso nas loterias viveste apostando
Mas infelizmente nada foi possível ganhar

No álcool viveste viciado sem a isso assumir
Mesmo que para todos isso estivesse evidente

Ainda que tumor na próstata vieste a contrair
Mas o mesmo foi retirado para continuares com a gente

Está bem provado que tu és um grande cidadão
Por grandes feitos na vida de oitenta anos
Provando que tu tens grande amor no coração
Dedicado ao próximo e a nós que a ti amamos

Que Deus te recompenses por tudo o que fizeste
A mim aos irmãos e aos seus demais familiares
E mesmo não conseguindo tudo o que quiseste
Compartilhaste com todos nós tua forma de sonhar.

## É possível mudar o mundo

É possível mudar o mundo
Desde que a nós mudemos
Demonstrando amor profundo
Pelo que nós queremos

Se a nós mesmos virmos a mudar
Deixando vícios e até manias
O mundo podemos transformar
Fazendo acontecer as utopias

Se cada um der sua contribuição
Ainda que por menor que ela seja
Todos agindo assim em mutirão
Mudaremos tudo com certeza

O quanto eu faça não importa
Mas como eu faço para mudar
Por certo Deus me abrirá uma porta
Para grande sucesso vir a alcançar

Se quem rouba deixa de roubar
E quem corrompe deixa de corromper
Tão logo a violência vai acabar
E a paz todos haveremos de ter

Se quem mata deixa de matar
E quem chora passe a sorrir
Por certo a vida vai se prolongar
E um jardim de alegria vai florir

Se quem governa o faz com justiça
E quem é subordinado se beneficia
Por certo evita-se sempre a cobiça
Fazendo a todos viver em harmonia

A mudança passa pela educação
E se cada um com ela se compromete
Por certo haverá grande transformação
E na escola da vida ninguém repete

Se quisermos mudança pra valer
Teremos que mudar a cabeça das pessoas
Levando cada um a se comprometer
Buscando sempre apenas coisas boas

Todos que fizeram no mundo revolução
Revolucionaram primeiro a si mesmos

Apostando no poder da sua idealização
Procurando não viver aí à esmos.

## Quero sabedoria

Quero sabedoria para saber viver
Superando todo e qual desafio
Que por acaso a vida me oferecer
E superando tudo mostrar meu brio

Ser sábio é meu desejo intenso
Ainda que seja na minha velhice
Pois eu tenho um sonho imenso
De superar toda a minha tolice

Mais do que de comida ou bebida
De sabedoria é que fome tenho
Para alimentar bem a minha vida
A quem a tem pedir sempre venho

Busco a sabedoria em toda parte
Onde quer que ela possa estar
Fazendo da vida uma obra de arte
Sobretudo um meio de me realizar

Todo conhecimento que me inspirar
A criar algo ou a viver bem melhor
Quero com muito carinho assimilar
De forma que possa evitar o pior

A Deus peço com toda fé a sabedoria
Como fez Salomão que por ela optou
Para que vivendo sempre em harmonia
Alcance algo de tudo que ele alcançou

Como Sócrates a sabedoria desejo
Para poder muitos discípulos fazer
Transformar-me é meu maior desejo
Para que algo de bom possa fazer

De noite ou de dia a sabedoria busco
Tentando superar a minha limitação
Pois com meus erros a luz eu ofusco
Impedindo que ela chegue ao coração

Peço que quem souber algo me ensine
Pois sei que eu não sei de tudo, não
De forma que a sabedoria me ilumine
Me mostrando o caminho da salvação

Quero compartilhar tudo que aprender
Com todos que têm fome de conhecimento
De forma que muitos outros possam ter
No coração e na alma nobre sentimento.

## A Igreja de Cristo

A Igreja de Cristo é a sua amada
A qual ele fundou e por ela morreu
Para que ela continue sua idolatrada
Sem abandoná-lo ou trair o amor seu

Tendo os apóstolos por fundamento
E a São Pedro-papa por chefe-guia
Jesus fez da Igreja seu sacramento
E seu corpo por alimento na eucaristia

Apesar de todos os ataques sofridos
Por reis imperadores tiranos da terra
A Igreja sempre teve filhos queridos
Que a defendeu até mesmo na guerra

Mesmo errando a Igreja não se rende
Pelo contrário se redime e reconcilia
Sabendo que Deus sempre a defende
Para dar sentido à vida com alegria

Sendo administradora dos sacramentos
Na pessoa dos que a ordem receberam
A Igreja nos educa pelos sentimentos
Valorizando os vivos e os que morreram

Embora chamada de mãe nossa Igreja é pai
Pois do coroinha ao papa não há mulher
E eu não sei por quanto tempo isso vai
Pois ao papa foi dado fazer o que quer

Sendo guiada pelo Espírito Santo de Deus
Que a inspira protege e defende do mal
A igreja procura cuidar dos filhos seus
Para não serem vítimas do poder infernal

Durante a Inquisição a Igreja pecou demais
Ao instalar-se aqui como o Tribunal do céu

Para com o Estado condenar tudo o mais
De forma que até inocente ficou sendo réu

Durante a primeira e segunda guerra mundial
A Igreja se omitiu diante das atrocidades
Que foram praticadas pelo poder infernal
Que se vangloriava diante das atrocidades

Ainda bem que Deus a separou logo do Estado
Purificando-a de tudo aquilo que a corrompia
Fazendo-a reconciliar-se com o seu passado
Para viver de pé no chão visando à parusia.

## Abaixo os torturadores

Abaixo os torturadores e os violentos
Que pelo mundo fazem a muitos sofrerem
Causando-lhes muita dor e sofrimentos
Sem ter ninguém para os socorrerem

Não podemos tolerar esses tipos de pessoas
Fazendo o que bem querem e impunemente
Às vezes ainda se passando por gentes boas
Sendo que podem até nos matar de repente

Parece que nem têm coração e nem alma
Pelo modo como violentam e até torturam
Tirando dos outros sua paz e sua calma
Para poderem encontrar o que procuram

O ódio deles é tão grande que até matam
Do modo mais cruel e violento possível
Todos aqueles que a eles desacatam
Usando um método-instrumento horrível

Que desses monstros Deus nos proteja
Pois estão por aí prontos a nos atacar
Aqui ou em qualquer lugar que seja
Caso nós venhamos deles nos descuidar

Sanguinários que são parecem uns vampiros
Os que aos outros torturam sem piedade
Até matando-os às vezes com armas, a tiros
Demonstrando assim toda a sua maldade

Com os pobres indefesos vivem a abusar
Do que há de mais terrível e cruel instrumento
Por não ter ninguém que os venha a acusar
Fazendo com que fiquem sem julgamento

"Direitos humanos para humanos direitos"
É o lema que eles empregam como defesa
Demonstrando seus grandes preconceitos
Quando matam dizem ser legítima defesa

Torturam, fazendo até lavagem cerebral
De forma que o torturado até se odeia
Tendo o corpo como um monstro infernal
Se matando para libertar-se da cadeia

O prazer deles é do outro prazer tirar
Como se só eles tivessem todo direito

Procurando ao outro sempre eliminar
Em nome do Deus que é seu preconceito.


## As mulheres

As mulheres são portadoras do dom da vida
Para contribuírem com Deus na criação
Porque nelas Ele encontrou uma saída
Para o problema da nossa perpetuação

Com a mulher quis Deus sempre contar
Para vir a realizar a nossa redenção
Mandando Jesus para vir nos salvar
Demonstrando o amor do seu coração

As mulheres mandavam na era matriarcal
Mas os homens implantaram o machismo
Impondo-lhes seu regime patriarcal
Como uma forma de revanchismo

Pelos séculos elas são discriminadas
Sem terem respeitados os seus direitos
Sendo muitas vezes até assassinadas
Por aqueles que lhes têm preconceitos

Mães da vida elas merecem respeito
Por tudo que para nós elas significam
Fazendo esse mundo ficar perfeito
Pois seu amor e zelo a todos dignificam

Infelizmente elas reproduzem o machismo
Na pessoa dos seus filhos ou de suas filhas
Educando-os sob a ótica do capitalismo
Leva-os a seguir sempre as suas trilhas

Muitas conquistas elas já obtiveram
Mas falta muito para ainda se conseguir
Por tudo aquilo que elas já bem fizeram
Merecem ter um diferente e melhor porvir

Se não fosse a mulher, ninguém nasceria
E no mundo regeria um inferno terrível
Pois o homem sem ela jamais resistiria
Só sentindo o que há de mais horrível

Quem é que no mundo faz a guerra e mata
A não ser os homens que são tão machistas?
Que do seu egoísmo e ódio não tiram a pata
Não passando de selvagens capitalistas

Pelo que já sofreram durante a história
As mulheres precisaram ter um dia especial
Para relembrar tudo que ficou na memória
E combater tudo que possa lhe fazer o mal.

## Bendito o fruto do teu espírito

Bendito o fruto do teu espírito Senhor
Que do nada criou tudo o que existe
Demonstrando todo poder do teu amor
No qual a sua graça e bondade consiste

Sejas louvado por tudo sobretudo por mim
Com tudo que sou tenho e represento
Fazendo-me digno de desfrutar até o fim
Tudo o que desperta o meu sentimento

Tudo reflete o seu poder e amor imenso
Me fazendo extasiar de tanta admiração
De forma que quando eu paro e penso
Meu sentimento por ti é só de gratidão

Como com o nada viste que graça não tinha
Com teu Santo Espírito logo tudo criaste
Fazendo para a felicidade de todos e minha
E destinando-nos ao céu em Jesus nos salvaste

Desde o mais pequenino átomo até o céu
Tudo é sinal do seu poder e tudo te glorifica
Mesmo que te escondes atrás de um véu
Sua presença em tudo no universo te dignifica

Maravilho-me com o fato de o Senhor ser tão bom
Mesmo diante de nossa maldade e pecados
Nos mandando sempre sol e chuva como dom
E com o sangue de Jesus nos ter purificados

Seu Santo Espírito criou e recria o mundo
Como um artesão cria facilmente sua obra
Revelando-nos o teu amor eterno e profundo
Que por mais que se dá a nós ainda sobra

Aos teus santos eleitos deste a glória eterna
Para de lá do céu por nós junto a ti interceder

Sendo junto a ti simples e pequena lanterna
A nos iluminar quando nossa vida escurecer

Para colaborarmos contigo na obra da criação
Colocaste em nosso coração a chama do amor
Como algo que nos causa alegria e emoção
Fazendo-nos dignos de termos muito valor

Sejas louvado e bendito ó Senhor Deus Trino
Pelo Senhor ser quem és e por tudo o que fizeste
Por meio do seu Santo Espírito eterno e divino
Sobretudo porque dignos de vós nos quiseste.

## Preciso e quero mudar

Preciso quero e posso mudar de vida
Pois do jeito que está não está dando
Porque jogo e quero ganhar a partida
Embora não tenho o que estou precisando

Preciso ser capacitado para a missão
De mudar a mim aos outros e ao mundo
Como todos que lutaram pela libertação
Expressando o poder de um amor profundo

Alguém precisa bem melhor me preparar
Ensinando-me tudo que é necessário
Para os grandes desafios vir a enfrentar
Como se prepara um herói ou missionário

O que estou dando de mim é muito pouco
Diante de tudo que de mim se é exigido
E isso me deixa inquieto como um louco
Ficando com a alma e o coração partido

Quero viver aqui de verdade e não vegetar
De forma que eu possa vir a fazer história
Sendo espalhado tudo o que eu realizar
Sem jamais das pessoas sair da memória

Se conseguir mudar-me, aos outros mudarei
E por conseguinte mudarei ao mundo também
Pondo em prática tudo aquilo que já bem sei
Sabendo que no mundo não sou Zé ninguém

Para a mim aos outros e ao mundo mudar
Eu preciso dos instrumentos necessários
Alguém ou mesmo Deus precisa isso me dar
Ou que muitos do mundo me sejam solidários

Me sinto de certo jeito muito impotente
Não conseguindo concatenar sonho e viver
Porque embora me sinta muito inteligente
Não faço nada do que eu gostaria de fazer

Na vida minha há sempre tantos desafios
Me forçando a tomar atitude de mudança
Que às vezes sinto até alguns calafrios
Por não nutrir neste sentido esperança

Gostaria de na velhice para trás vir a olhar
E poder contemplar os meus grandes feitos

Sentindo que valeu a pena poder sonhar
Fazendo algo, mesmo que tendo meus defeitos.

## Apeoesp, um sindicato combatente

Apeoesp é um sindicato combatente
Que apesar das repressões sofridas
Jamais deixou de defender a gente
Sempre valorizando as nossas vidas

Com um batalhão de filiados ou não
A Apeoesp sempre defendeu a categoria
Contra todas as truculências do patrão
Defendendo os direitos e a democracia

Até mesmo nos tempos da ditadura
A Apeoesp demonstrou ter coragem
Procurando com o sistema fazer ruptura
A todos transmitindo nova mensagem

Muitas conquistas a Apeoesp conseguiu
Demonstrando sua força e seu poder
Atendendo o que a categoria lhe pediu
Ela sempre lutou sem a nada temer

Através dos conselheiros-representantes
A Apeoesp demonstra que é muito forte
Buscando sempre e a todos os instantes
Refutar o que pode causar a nossa morte

A Apeoesp tem muito a nos oferecer
Basta que com ela nós colaboremos
Procurando com ela nos comprometer
A partir do momento que nos filiemos

Tal qual o seu glorioso e sublime passado
O futuro da Apeoesp também pode ser
Desde que no presente que nos é dado
Nossa força e garra nós façamos valer

A Apeoesp se compromete com a educação
Como o primeiro direito da cidadania
Disposta a sempre defender o cidadão
Conforme o que oferece a democracia

Como uma andorinha só verão não faz
Trate de filiar-se à Apeoesp você também
Para que ela se torne bem mais capaz
De poder fazer por nós o que nos convém.

## Qualquer um pode na vida subir

Qualquer um pode na vida subir
Basta que chance lhe seja dada
Para muito e bem vir a conseguir
Se dando bem na sua jornada

Ninguém vence sem oportunidade
Pois sozinho ninguém se ergue
Se não conseguir ter felicidade
Mas tendo chance tudo se consegue

Quem consegue apoio longe vai
Pois se sente à vontade para lutar
E sempre se levanta quando cai
Porque tem objetivos a alcançar

Zé ninguém qualquer um pode ser
Desde que por ninguém seja ajudado
Sendo impossibilitado de vencer
Não passando de um pobre coitado

Eleva-se e obtém na vida sucesso
Aquele que valoriza o que recebe
Conseguindo com isso muito progresso
Pois o que é melhor pra si percebe

Como um artesão que pinta e borda
Desde que venha a ter matéria-prima
Assim quem recebe apoio logo acorda
Faz maravilhas e se torna gente fina

Todo grande gênio sempre foi apoiado
Tendo infraestrutura para trabalhar
Porque a lugar nenhum teria chegado
Caso o necessário viesse a lhe faltar

Quem de fato quer e pretende vencer
Deve fazer por onde vir conseguir
Porque querer é sempre poder
Para quem deseja a porta abrir

Precisamos fazer a parte nossa
Na grande construção da vida

Para que ela plenamente possa
Ter a dignidade de ser vivida

Só Deus de nada ou ninguém precisou
Para fazer todo o universo existente
Mas com o homem ele sempre contou
Para levar a sua obra para frente.

## Deus me entrevista

E então filho me diz como foi o seu viver?
Ah Senhor sabes tudo por que vou te dizer?
Sim sei mas quero mesmo da sua boca ouvir!
Ah foi aquilo que lutando pude conseguir

Ah mas você não foi mais e melhor por quê?
Ah reio que faltou acreditar mais em você
Por que não me pediste para a fé aumentar?
Ah porque às vezes eu nem parava para rezar

Mas o que fez de bom lá na terra por mim?
Se fiz pelo meu próximo serviu assim?
Com certeza pois assim ensinei por Cristo
Ah que bom então fico feliz de ouvir isto!

Você conseguiu o seu grande sonho realizar?
Ah não do jeito que eu o pude idealizar!
Sei que na mocidade nutriste outro sonho
Assim é o Senhor dispõe e eu só proponho!

Gostaria que fosse de outro jeito sua vida?
Com certeza de preferência sem alma partida
Se pudesse recomeçar o que faria diferente?
Ah viver meu amor contido quando adolescente

Que de melhor na vida pudeste de fato curtir?
Ah as inúmeras amizades que eu pude conseguir
E o que de pior na sua vida chegou a marcar?
Ah a fome na infância e aluno a me ameaçar!

Que importância teve para você sua profissão?
Foi fundamental para meu sustento-realização
E você a recomendaria para qualquer pessoa?
Com certeza e sendo dentre todas a mais boa!

E quanto a meu filho Jesus o que dele achou?
Ah o mais perfeito homem que o Senhor criou!
E do seu Evangelho o que tens para me dizer?
Ah a melhor mensagem que não se pode esquecer!

Que achas que tá faltando eu fazer na terra?
Ah creio que impedir que o homem faça guerra
Mas será que o homem não sabe que ela é ruim?
Bom saber sabe mas o que importa é o dindim!

Finalmente me diz o que achaste do meu céu
Oh a máxima obra a nós envolta em véu!
Você sabia que aqui será sua morada eterna?
Sim Jesus prometeu a quem levar vida fraterna.

## Bem e mal duelam

Eu sou o mal e só o mal faço como quero
Eu sou o bem e só o bem faço às pessoas
E se assim faço é porque gosto e venero
Eu faço a quaisquer pessoas más ou boas

Mas o que ganhas em fazer por aí o bem?
Ah com certeza ganharei o céu-realização
Que nada eu acho que isso não me convém
Quanto a mim você é sinônimo de maldição

O Demônio para mim é o meu Deus poderoso
Ah para mim o meu Deus tem um nome: Jesus
Ah o demônio faz tudo o que há de gostoso
Qualé? Jesus é o único que para mim é luz

Mas tudo que quero fazer eu faço como quero
Ah eu não faço tudo mas o que faço eu adoro
Ah eu sou livre graças ao Demo que venero
Se sou escravo é por vontade e por ti choro

Tantas loucuras que faço só me faz orgulhar
Ah eu me orgulho é do bem que espalho por aí
Ah isso não tem graça e de ti vou gargalhar
Ah mas seu preço ou recompensa recebes aqui

Quando há guerra adoro ver tanta destruição
Ah eu choro e tento reconstruir o que você faz
Que bobagem! Una-se a mim e não seja bobão!
Quero que todos deem as mãos em prol da paz

Não reclame ao me ver rico ou até milionário
Ah roubando e corrompendo qualquer um pode ser!
Ah qualquer um traz isso no seu imaginário
Mas muitos pondo em prática só fazem sofrer

Até agora não recebi punição que me assustou
É porque tens advogados e juízes competentes
De fato quanto isso nenhum me decepcionou
Viu? Já eu não consigo defender aos inocentes

Queres fazer do mundo um paraíso eu, um inferno
Isso porque acredito no potencial da minha ação
Ah ainda está nesta de crer num Deus bom e eterno?
Sim pois sem Ele este mundo não teria salvação!

Ah mas você acredita em utopia e em muita ilusão!
Não pelo contrário acredito e vivo na realidade!
Que nada perdes tempo em imaginar e sonhar em vão!
Então vamos ver quem no fim terá mais felicidade!

## O pai que educou o filho de Deus

O pai que o filho de Deus educou
Se chama São José de Maria esposo
E de graças Deus sempre o coroou
Para ser para Jesus um pai bondoso

Embora não fosse pai biológico
São José aceitou com Maria se casar
Indo até contra tudo o que é lógico
Mesmo se as pessoas o viessem a criticar

Sua missão de fato foi mui exigente
Pois teve que enfrentar imperadores
Que até queriam matar Jesus inocente
Antecipando os dias das suas dores

Em sonhos Deus sempre lhe orientou
Para nas garras do inimigo não cair
E assim a tudo e a todos enfrentou
Sem jamais da sua missão desistir

Na sua tenda e como bom carpinteiro
Sempre trabalhou com muita dedicação
Para se manter ganhando seu dinheiro
E procurando cumprir bem a sua missão

Ajudado por sua esposa Maria e Jesus
São José procurou nunca se desanimar
Mas em Deus sempre buscou muita luz
Para seu bom papel de pai desempenhar

Até mesmo quando Jesus deles se perdeu
São José não deixou de a calma manter
Porque com as graças que Deus lhe deu
Sabia que nada de ruim ia lhe acontecer

Na escola do templo a Jesus ele educou
Fazendo dele um grande mestre e profeta
De forma que nele a profecia se realizou
Conforme Isaías da forma mais completa

Mesmo não vendo Jesus a Boa Nova pregar
Por ter morrido bem antes, devido à idade

São José pôde lá do céu um dia contemplar
A sua obra que perpetua pela eternidade

Todo pai deveria ter São José por modelo
Pois foi homem justo segundo está escrito
De forma que a família tenha dele o zelo
E assim poderá ser como ele um pai bendito.

## Quero os meus direitos

Como filho de Deus tenho meus direitos
E mais ainda os tenho como um cidadão
Pois faço parte do número dos eleitos
Desde que fui criado através de Adão

A Deus como filho eu peço o que é meu
Sejam coisas materiais sejam espirituais
Como cidadão a meu país que me esqueceu
Eu peço paz saúde segurança e algo mais

Sou cidadão do universo e dono do mundo
Mas quase tudo aqui sempre me é negado
Por parte de quem tem sentimento imundo
E fica com o que é meu ao me ser roubado

Há muitas leis que me defendem no papel
Dando-me garantia de ter o meu direito
E na prática levam-me a crer em Papai Noel
Pois nada se cumpre por falta de respeito

Me falta quase tudo para viver dignamente
Mesmo morando num país "rico por natureza"
Mas que não dá o devido valor à sua gente
Pois só é governado por quem tem riqueza

Enquanto uns vangloriam de tudo poder ter
Há quem reclame pelo seu mínimo suficiente
Mas devido à ganância pela riqueza e poder
A maioria só vegeta vivendo como indigente

Deus a tudo criou para todos desfrutarem
Mas infelizmente há quem tudo queira para si
Pouco se lixando com os que se desgraçarem
Importando que tenha seu paraíso já aqui

Autoridades governantes políticos e outros
Que administram os bens do país e leis fazem
Deveriam deixar de ser hipócritas e escrotos
E procurarem fazer as coisas que nos satisfazem

Existem os Códigos de Direito Penal e o Civil
Bem como o do consumidor e até a Constituição
Que garantem os direitos de todos no Brasil
Mas que não cumpridos não passam de enganação

Até quando eu e tantos outros seremos lesados
Tendo que com os nossos deveres cumprirmos
E se não o fizemos seremos logo enquadrados
Enquanto que "eles" nem sequer quer ouvir-nos?

## Eu nunca amei alguém assim

Eu nunca amei tanto alguém assim
Ao ponto de loucamente me apaixonar
Dando tudo o que tenho e há em mim
Sem o mínimo receio de me entregar

De corpo e alma amei-a completamente
Ao ponto de nos sonhos com você estar
Nunca de ti ficando um segundo ausente
Por ter em mim um fogo a me queimar

Cada palavra ou gesto seu eu guardei
Relembrando de tudo a cada instante
Que gosto muito de você já demonstrei
Como sempre faz todo fiel e bom amante

Tudo em você me fascinava e encantava
O seu olhar seu sorriso e a sua beleza
E das cinzas o meu ser você levantava
Para tocar minha vida com mais leveza

Gritei bem alto e em bom tom te amo
Sem a mínima vergonha de isto fazer
E de nada me arrependo ou reclamo
Se preciso for o farei até eu morrer

Tudo ao meu redor ficara mais bonito
Porque o seu amor já me transformara
Num homem feliz e muito mais bendito
E de tudo o que é ruim você me salvara

Perto de você eu me sentia protegido
Não temendo sequer a nada e a ninguém
E nunca me sentira de fato tão querido
Sempre que me chamavas de "meu bem"

Eu pensando em você sempre me adormecia
Todas as vezes que com você não estava
E contigo depois realizava toda a fantasia
Que antes na minha mente eu imaginava.

## O estresse nosso de cada dia

O estresse nosso de cada dia
Muito nos faz sofrer e angustia
Porque queremos fazer tudo de vez
Movidos pela ansiedade e insensatez

Corremos desesperados contra o tempo
Mas acabamos ferindo o sentimento
Porque o cansaço logo e sempre nos vem
Porque não fazemos o que nos convém

Vivemos em desespero e em vão
Procurando o necessário o pão
E com isso doenças nos vem
Se o estresse não se contém

Precisamos de tão pouco para viver
Mas preferimos o muito para sofrer
Porque é grande nossa ganância
Pois o que importa é a abundância

Somos vítimas do nosso tarefismo
Impulsionados pelo capitalismo
Que só nos leva a sempre consumir
Sem importar o que possamos sentir

Desenfreadamente de tudo fazemos
E em consequência de tudo sofremos
Vítimas de nossas atitudes impensadas
Que deixam nossas almas estressadas

Procuramos fora o que há em nós
Para sufocados perdermos a voz
Sujeitos a morrermos asfixiados
Por não estarmos bem descansados

Como o corpo não aguenta o batente
Como um carro afogado afoga a gente
E quando conta disto nós nos damos
Já é tarde e não mais aguentamos

Podemos conciliar tarefas e exercícios
Para obtermos de fato muitos benefícios
Pois assim conciliamos nossas energias
Sem precisarmos vir a ter tantas agonias

Só podemos ter um corpo de fato são
Quando controlamos bem nossa ação
Equilibrando pensamento e sentimento
Fazendo um bom uso do nosso tempo.

# A vida é muito curta

A vida é muito curta para se viver
E quando menos se espera se morre
Sem nem sequer ter conseguido vencer
Por mais que na vida a gente corre

O pouco tempo que nos é dado é nada
Diante da eternidade que iremos ter
Porque aqui tudo tão cedo se acaba
E da vida tão logo teremos que abster

Quando achamos que começamos a viver
Já está na hora de daqui nós partirmos
E assim partimos sem mesmo perceber
Que não depende de nós daqui sairmos

Tudo o que planejamos aqui realizar
Em segundos poderá ser desfeito
A fúria da morte não se pode aplacar
Ficar aqui para sempre não tem jeito

Buscamos sem cessar a vida eternizar
Quando sabemos que ela é passageira
Podendo a qualquer momento se acabar
Para buscarmos logo a vida verdadeira

Entre a realidade e o sonho estamos
Até que a morte vem nos despertar
Ainda que para ela não nos preparamos
De qualquer jeito ela vem nos buscar

Na morte está o poder maior e eterno
Do qual ninguém poderá jamais fugir
E até mesmo dentro do ventre materno
Aos poucos do mundo começamos a partir

O auge da vida se dá lá pelos cem anos
Porém não é privilégio de toda pessoa
Mesmo que sejamos todos seres humanos
Não é a todos que é dada essa coisa boa

Creio que se vivêssemos mais seria bom
Para mais coisas aqui podermos fazer
Já que para nós a vida é o maior dom
Seria até bem melhor não ter que morrer

Mas creio que além daqui há algo melhor
Já que aqui ninguém fica de jeito nenhum
E que aqui em relação à lá é muito mais pior
Porque aqui não fica de todos sequer um.

## O mundo é o sonho de Deus realizado

O mundo é o sonho de Deus realizado
Como exemplo de que sonho se realiza
Basta que nele tenhamos acreditado
E tudo em nossa vida se concretiza

Ele sonhou com cada coisa que existe
E elas foram aparecendo em seguida
Porque em seus sonhos tudo consiste
Como uma potência geradora da vida

Sonhar para Deus é tão logo realizar
Sendo seus sonhos a própria realidade
Que nunca para de a tudo vir a criar
O tempo interferido pela eternidade

Nossos sonhos são dos de Deus reflexo
Pois também têm poder de realização
Embora sejam para nós algo complexo
Necessitando que alguém dê explicação

Os gênios usam sonhos para criarem
Potencializando-os com sua intuição
De forma que tudo o que inventarem
Será sempre fruto de sua imaginação

José do Egito sonhos interpretava
Como um dom que de Deus provinha
E a verdade a todos ele sempre falava
Como sendo de Deus é que ela vinha

Freud e Jung também esse dom receberam
Para curarem as doenças da nossa mente
Muitas e boas teorias eles nos concederam
Para interpretarmos o nosso inconsciente

Os sonhos em si já são uma interpretação
Da realidade e de tudo o que nós sentimos
Na nossa alma ou mesmo no nosso coração
Sempre que em algum momento dormimos

Quem sonha com Deus sempre se parece
Porque Dele recebe grande poder criador

Tanto quanto o provindo de uma prece
Que com fé tem um poder transformador

Sonhar é voar até ao céu sem asas ter
E de lá vir a voltar de Deus potencializado
Para aqui no mundo maravilhas poder fazer
Como se Deus mesmo a terra tivesse visitado.


## Onde estão vocês?

Onde estão vocês que eram os tais
Que torturaram e mataram a tantos
Sem se importarem com os seus ais
E diante de Deus se sentindo santos?

O orgulho de vocês até ao céu chegava
Pisando em todos em seus caminhos
Sabendo que o inferno lhes esperava
Sadicamente lhes cravava seus espinhos

Aqui tínheis tudo para virem a se salvar
Bastando para isso apenas fazerem o bem
Mas achando que aqui iam se eternizar
Só fizeram o que não se convém

Aqui se meteram em toda corrupção
Desfrutando tudo o que ela oferecia
Não respeitando o mandamento cristão
Para agora no inferno viver em agonia

Se esqueceram de que todos são mortais
E como imortais aqui sempre agiram
Piores do que demônios infernais
Poder orgulho e arrogância exibiram

Por tudo o que aqui fizeram de ruim
A todos os que lhes eram subordinados
Um outro não podia ser de vocês o fim
A não ser serem no inferno precipitados

Quanta lágrima e sangue derramaram
Em nome do sadismo e da tirania
E todos os que aqui vocês mataram
Com certeza os julgarão um dia

Os que aqui semelhantes a vocês são
Ainda têm a chance de se converterem
Aceitando a Deus na alma e no coração
Sem correrem o risco de se perderem

Aqui ninguém pode ou é mais que Deus
Por mais poderoso e sábio que seja
E embora ele ame todos os filhos seus
Quem é assim não quer que com ele esteja

Será que vocês o céu um dia esperavam?
Uma vez que aqui foram um poço de maldade?
Por tudo de ruim que vocês praticavam
Tirando de muitos aqui toda a felicidade?

## Preciso falar mais alguma coisa?

Depois de te conheceres e ser amado por você
Eu por acaso preciso mais alguma coisa dizer?
Uma vez que me preenches a alma e o coração
De nada mais neste mundo eu preciso não

Em você encontrei tudo o que eu precisava
E que há muito tempo queria mas não achava
Até que você na minha vida um dia pintou
Para me fazer muito feliz e me realizou

O que eu disser não explicará o que sinto
Pois meu amor por você é real não minto
Ao ponto de dispensar qualquer comentário
Importando-me apenas o que é imaginário

As palavras são dispensadas quando se ama
Bastando que no coração haja grande chama
Para aquecer do frio da solidão a alma
Proporcionando-lhe o que é básico a calma

Se eu não tivesse te conhecido e te amado
Por certo na vida não teria me acertado
E por toda parte pra todos eu só reclamaria
Mas como te achei e te amo vivo em harmonia

Meu passado era sombrio e a solidão me feria
Fazendo-me viver só em lamentação e agonia
Mas quando você pintou na minha vida eu mudei
Hoje eu sou muito feliz porque te encontrei

Quantas palavras falei ao vento e em vão
Quando sem você eu estava na solidão
Porém hoje não preciso falar mais nada
Pois estando comigo minha solidão se acaba

Posso até dizer alguma coisa para te agradar
Mas sei que basta acima de tudo eu te amar
Já será o suficiente para eu te fazer feliz
Pois te amar é tudo o que de mim você quis

De que adianta lhe dizer mil palavras vazias
Sem o mínimo de sentimento ou muito frias
Se o que importa é te amar de alma e coração
Demonstrando isso em todo gesto meu ou ação?

Palavras o vento carrega, mas ação sempre fica
Uma vez que a ação recheada de palavra é rica
No coração e na alma de quem ama de verdade
Ficando no tempo e continuando na eternidade.

## Minha inquietude

Minha inquietude tem uma razão
Uma vez que tive perdas enormes
Que marcaram de fato meu coração
Sem me deixar viver nos conformes

Busco me encontrar e não consigo
Porque algo mais profundo me impede
Fazendo com que me sinta cativo
E até mesmo meu ser eu negue

Intimamente algo está me incomodando
Por não ter comigo mesmo me encontrado
E por isso mesmo vivo me procurando
Em tudo e todos que estão do meu lado

Tenho íntimas chagas ainda não curadas
Porque ainda não achei o remédio certo
Mas quem sabe o acharei pelas estradas
Ou até mesmo estando de mim tão perto

Tenho perguntas mil sem respostas
Mas não paro de perguntas fazer
Batendo eu vivo em todas as portas
Para ver se encontro com meu ser

Lacunas há em mim a serem preenchidas
Por algo maior que eu não sei explicar
De forma que sejam curadas minhas feridas
E eu a paz interior consiga encontrar

Despedaçado se encontra o meu ser
Semelhante a uma colcha de retalho
E ajuntar os pedaços me faz sofrer
Sendo mais difícil que jogar baralho

O que quero ou sonho eu não consigo
Mas também não deixo nunca de procurar
E em Deus sempre procuro o meu abrigo
Para não ter que vir a me desesperar

Sei que na minha alma está a solução
Para todo problema que me angustia

Deixando em pedaços o meu coração
Mas não a interpreto como Freud fazia

Até quando inquieto eu vou ficar
Sentindo uma espada no meu peito
Fazendo o meu coração se sangrar
Como se eu fosse problema sem jeito?

## Do nada a alguma coisa

Antes eu era na vida simplesmente um nada
Tendo apenas meu corpo e minha existência
Porém sabendo que tudo neste mundo acaba
Lutei muito buscando a minha essência

Não é nada fácil sair da estaca zero
Considerado por muitos um Zé-Ninguém
Porém como alguma coisa da vida quero
Dei a volta por cima e me tornei alguém

Filho de família grande e tão pobre
Sem ter condições para algo me oferecer
Saí de casa criança para morar com nobre
Sendo o primeiro passo para eu vencer

Apoiado por meu primo e sua mulher
Mas retribuindo-lhes com meu serviço
Deixei Deus fazer de mim o que quiser
Procurando com ele assumir um compromisso

Por oito anos um ideal eu cultivei
Sendo o mesmo pela igreja sustentado
Porém como a igreja desfez o que eu idealizei
Dei a volta por cima sem me sentir fracassado

Por um bom tempo um emprego eu procurei
Rejeitado por não ter registro na carteira
Então pelo magistério com amor eu optei
Me realizando em quase tudo na minha carreira

Na minha profissão pude muita gente conhecer
Repassando o que aprendi, mas também aprendendo
De forma que a Deus do céu eu quero agradecer
Pois na vida eu já venci e continuo vencendo

Em vista de muitos neste país realizado eu sou
Pois o suficiente para me manter eu já consegui
E diante da pobreza que no meu passado ficou
Posso dizer outro sou porque em mim eu investi

Além de professor resolvi ser poeta-compositor
Expondo ao mundo as tantas ideias que eu tenho
E procuro fazer tudo isso com carinho e amor
De forma que a todos sinceramente dizer eu venho

Sei que ainda tenho muito para na vida realizar
Mas até aqui posso dizer que muito já realizei
Mesmo sabendo que de repente posso fracassar
Importando que algumas sementes eu já plantei.

## Ambicionar é revolucionar

Ambicionar é sempre revolucionar
Pois só quem deseja consegue
O que a vida tem pra lhe dar
Desde que a si mesmo não negue

Se Cristo disse "quem procura acha"
É porque de fato isso pode ocorrer
Desde que se ponha em marcha
Fazendo por onde possa merecer

A quem pede algo se lhe é dado
Desde que se peça com confiança
Pois aquele que a todos tem criado
Veio aqui ensinar essa confiança

Quem bate na porta certa com fé
Ela se lhe abre para ele entrar
Dando-lhe aconchego abrigo e paz
Para seu coração e alma repousar

Quem nada deseja nada pode fazer
Pois se atrofia ficando paralisado
Já que não aspira na vida vencer
E depois reclama que é um azarado

Quem tem desejos e os quer realizar
Prontamente será atendido como quer
Pois o universo está por ele a puxar
Podendo ele vir a fazer o que quiser

Vontade de potência nos é essencial
Para se conseguir o sonho realizar
Tendo força para derrotar todo mal
E os planos e projetos concretizar

Do nada se pode até ao tudo chegar
Se de fato a tudo se levar a sério
Caso não se faça por onde fracassar
Tendo por trágico destino o cemitério

Mudaremos a nós, aos outros e ao mundo
Se levarmos a sério tudo o que fazemos
Tendo sempre no coração amor profundo
Todo e qualquer obstáculo venceremos

Tudo o que até hoje se fez na terra
Foi fruto do trabalho de quem lutou
Crendo no potencial que em si encerra
Criou cultura e o mundo transformou.

## Gotas do céu

Como gotas cristalinas de chuva do céu
Quero que minhas palavras sempre sejam
E que revelando o que está atrás do véu
Façam felizes todos que a elas desejam

Mais do que simples palavras elas são pão
Para alimentar a todos os famintos delas
Que sentem um grande vazio no seu coração
De forma que as faço serem bem singelas

Tocar o mais íntimo do ser de cada um
É o meu maior desejo naquilo que digo
Não deixando insaciado de jeito algum
Aquele que se sente meu fã e meu amigo

Aos quatro cantos da Terra quero atingir
Com cada palavra que com carinho eu disser
Vindo sobre muitas coisas pensar e refletir
Enquanto saúde paz e muita vida eu tiver

Colocarei no papel o que na minha alma vai
Dedicando-me a palavras como um bom artesão
Sentindo-me como sente um irmão amigo e pai
Para sutilmente tocar de todos a alma e o coração

Espero que não sejam inférteis e improdutivas
Nenhuma das palavras que da minha boca sair
Para que todas as pessoas sejam enriquecidas
E de coração e alma prontos buscar o porvir

Elevarei meu ser até o céu para pedir luz
Para derramá-la sobre todos os meus leitores
Em cada palavra que a mim o espírito conduz
Sentindo-as com o mais belo buquê de flores

Como Camões Castro Alves e Fernando Pessoa
Da minha palavra um raio de sol quero fazer
Para penetrar no coração concedendo coisa boa
A todo o que faz da palavra seu maior prazer

Quem me dera poder pelo menos alguém consolar
Com uma palavra amiga a quem dela tá precisando

De forma que ninguém tenha que vir mais chorar
Diante de tudo que a faça sofrer lhe angustiando

Aonde houver alguém sofrendo seja lá do que for
Eu quero a minha boa e amiga palavra sempre levar
Fazendo com que repleta de graça e de muito amor
Ela possa a vida de muitos no mundo vir a salvar.

## Páscoa é passagem

Páscoa é passagem do mal para o bem
Da vida de pecado para a de virtude
Procurando ser um outro ou um alguém
Para até mesmo atingir a plenitude

Páscoa é renascimento em Cristo Jesus
Que morreu para que tenhamos a vida
E possamos trocar as trevas pela luz
Sabendo que breve será a nossa partida

Páscoa é deixar o homem velho morrer
Todo corrompido pelo pecado e o mal
Para buscar o homem novo e renascer
Procurando já aqui o reino celestial

Páscoa é a imolação do nosso egoísmo
No altar do trabalho e da luta diária
Procurando sobreviver ao capitalismo
Sem medo de ter atitude libertária

Páscoa é a realização de sonhos-ideais
Mesmo que haja quem queira isso impedir
De forma que diante de si e dos demais
Possam com fé sempre apostar no porvir

Páscoa é vida sempre em Deus renovada
Ainda que tudo sempre diz o contrário
Tendo em mente que uma pátria amada
Espera aquele que aqui foi solidário

Páscoa é ter vida com mais abundância
Compartilhando com quem nada aqui tem
Desapegando ou abrindo mão da ganância
Que sempre impede de se praticar o bem

Páscoa é ter sentimentos humanos reais
Semelhantes aos de Cristo homem e Deus
Que aqui viveu humilde entre os demais
Considerando até inimigos irmãos seus

Páscoa é sempre do inferno fechamento
E sempre abertura do céu ou do paraíso
Através de uma renovação do sentimento
Antecipando aqui o dia do final juízo

Páscoa é plena libertação das correntes
De tudo que aprisiona e de Deus afasta
Bloqueando os corações, almas e mentes
Levando-nos a dizer "ah! dindim me basta!"

## Quem nos libertará como Moisés e Jesus?

Quem nos libertará como Moisés e Jesus
Que tendo o poder de Deus libertaram
A todos os que buscavam liberdade e luz
E pelos quais até suas vidas entregaram

Cada um na sua cumpriram a missão de Deus
De libertar a quem preso se encontrava
Lutando pela justiça a todos os irmãos seus
Libertando-os de tudo que os escravizava

Na história de muitos ambos interferiram
Fazendo maravilhas, pois acreditaram neles
Fazendo o que eles a todos sempre pediram
Tornando-se heroicamente discípulos deles

Mas hoje estamos como que abandonados
Sem Moisés e sem Jesus para nos libertar
Pois os homens de hoje estão ocupados
Sem ter tempo para o seu irmão salvar

Quem nos libertará de toda essa violência
E de toda guerra santa por causa de Deus
Estando em toda parte faltando clemência
Dos homens que não amam aos irmãos seus?

Há tanta coisa que está nos oprimindo
Sem ter quem possa de fato nos libertar
Sem que apressemos Jesus, que está vindo
Para definitivamente nos julgar e salvar

O mal está triunfando e muito sobre o bem
E a esperança parece que há muito morreu
De forma que lutar parece que não convém
Como se Deus de nós e do mundo se esqueceu

Poderosos aumentam cada vez mais seu poder
Tendo cada vez mais e a maioria nada tendo
Principalmente porque não têm grande saber
De forma que vivam o tempo todo só sofrendo

O planeta terra está sofrendo aquecimento
Devido à poluição das indústrias provinda
Talvez será tarde para nosso arrependimento
Pois já terá chegado a de Jesus segunda vinda

Quem nos salvará de tudo o que aí há de mal
Uma vez que nos sentimos tão vulneráveis
Diante de um poder que se apresenta total
Enquanto nós não passamos de uns miseráveis?

## Afinal, quem sou eu?

Afinal quem mesmo sou eu?
Não me canso de perguntar
A minha história se perdeu
Lá onde não posso encontrar

Por que sou tão estranho a mim
Sendo que moro em mim mesmo
E por que penso e sinto assim
Às vezes andando por aí a esmo?

Por que eu tenho tanto que mudar
Como muda a lua ou a temperatura
Ora querendo rir ora querendo chorar
Sentindo na alma terrível amargura?

Às vezes sinto que sou vários sujeitos
Cada um tendo a sua personalidade
Todos sentindo que não são perfeitos
Mas sempre ansiosos pela felicidade

Pareço incorporar a todos no meu ser
Como o mar a todas as águas dos rios
O que me faz mui vulnerável e a sofrer
Sentindo no corpo e na alma calafrios

Meus sonhos para isso chamam atenção
Querendo assim muitas coisas me revelar
Porém me falta o poder da interpretação
Para de forma bem melhor me identificar

Meus sentimentos fazem meus personagens
Cada um tendo assim a sua maneira de ser
Todos me transmitem as suas mensagens
Tentando me fazer melhor me compreender

Às vezes eu me sinto como um gigante
Mas às vezes também como um mosquito
Entretanto em ambos sinto-me significante
Ainda que para alguns eu seja mui esquisito

Mergulho no íntimo de minhas entranhas
Tentando saber quem mesmo de fato sou

Porém encontro coisas muito estranhas
Sem saber quem dentro de mim as colocou

Só na eternidade quem sou eu saberei
Pois aqui nesta vida não é possível isto
E de lá toda a minha história contemplarei
Iluminado por nosso Senhor Jesus Cristo.

## Quero um mundo novo

Quero um mundo novo e transformado plenamente
Onde todos possamos nos sentir bem mais gente
Fazendo acontecer tudo que ainda não aconteceu
Criando ou inventando o que não fez quem morreu

Quero ver maravilhas pipocarem por toda parte
Ainda que tenhamos que pedir ajuda lá de Marte
Pois um mundo novo precisa ser por nós criado
Para mostrarmos ter de fato por aqui passado

Quero crer que sejamos capazes e muito potentes
Criando e inventando como seres bem inteligentes
De forma que a nossa vida seja mais prolongada
Para fazermos maravilhas durante a nossa jornada

Quero que a tecnologia seja utilizada só para o bem
Fazendo remédios para curar doenças como se convém
E sempre facilitando a nossa comunicação com o globo
Para que deixemos de ser um para o outro voraz lobo

Quero sonhar de olhos abertos com um mundo novo
Repleto de tudo o que está faltando para nosso povo
Especialmente educação emprego saúde e muita paz
De tal forma que tenhamos tudo o que nos satisfaz

Quero ver essa terra transbordar de fartura em tudo
Tendo o que precisamos para sermos felizes sobretudo
Para que não venhamos nunca mais de nada precisar
Sendo que tudo poderemos com muito afinco inventar

Quero que até as crianças constatem que são capazes
De fazerem maravilhas que para todos são eficazes
Dando exemplo até mesmo aos poderosos desta terra
Ao ponto de impedirem que os homens façam a guerra

Quero que quem tudo tem repartam com quem nada tem
De forma que todos de tudo possam aqui ter também
Desfrutando das maravilhas que foram por nós criadas
Para que todos no mundo tenham suas vidas realizadas

Quero sonhar e ver realizado o sonho de aqui ver Deus
Compartilhando tudo conosco como de fato filhos seus
Da forma como um dia idealizou no seu projeto celestial
Para que definitivamente seja varrido da terra todo mal.

## Como é grande o amor que por ti eu sinto

Como é grande o amor que por ti eu sinto
Tão grande quanto o imenso e infinito mar
Podes crer, pois digo a verdade e não minto
E a cada dia esse amor está mais a aumentar

Te amo de uma forma incomensurável e imedível
Como Deus que me ama de forma incondicional
E com palavras o que sinto não é exprimível
Porque me sinto vivendo num reino celestial

Te amar é meu hobby a minha mania preferida
Mais ainda do que comer beber ou me vestir
E por você eu dou até mesmo a minha vida
Porque na sua sei que a minha vai consistir

Não vivo mais para mim mas sempre para ti
Pois meu desejo é te ver vivendo plenamente
Sabendo que o meu viver tem um sentido aqui
Já que eu não consigo te tirar da minha mente

Mais do que a terra seca pela água desejosa
Mais do que o faminto ser desejoso pelo pão
Minha alma sente-se por você tão amorosa
Fazendo com que bata forte por ti meu coração

Oh! Como é doce e maravilhoso te amar assim!
Sentindo em meu ser essa chama que me aquece
Pela sua presença tão marcante e real em mim
E nem dormindo de ti minha alma não esquece

Posso esquecer de comer de beber ou de dormir
Mas de ti jamais eu irei me esquecer garanto
Pois você é a razão do meu ser e do meu existir
E cada dia que passa por você mais me encanto

Olhar para você é olhar para o céu encantado
E posso contemplar aquilo que há de mais belo

Sentindo-me cada vez mais feliz e maravilhado
De forma que cada dia que passa mais te quero

Ah! Não consigo nem conter minha paixão por ti
Pois você faz o céu descer até à terra para mim
E confesso que por ninguém algo assim eu senti
Fazendo com que sejas o meu início meio e fim

Espero poder te amar assim por toda a minha vida
Porque te amar é a melhor coisa que já pude sentir
Querendo que isso se preserve até a minha partida
Podendo até ao último dia da minha vida isso curtir.

## Um dia eu amei e fui amado pra valer

Um dia eu amei e fui amado pra valer
Sentindo o coração abrasado de amor
Podendo elevar-me pelo maior prazer
Que me pôde proporcionar muito calor

No dia em que eu for morrer feliz ficarei
Por saber que pude sentir essa chama
E que em vão por aqui eu não passei
Pois em vão é a vida de quem não ama

Amar e ser amado eis o céu já na terra
E isso comigo aconteceu, pois eu isso vivi
E me sinto como quem ganhou uma guerra
Por tudo que desfrutei e na vida eu curti

Se amar é viver vivi porque amei de fato
Sentindo o significado desse sentimento
Na sua plenitude e no seu sentido exato
Guardando o que senti no meu pensamento

Com palavras eu não sei explicar o que vivi
Tendo a presença do amor no meu coração
Mas o que importa é que tudo o que eu senti
Ficará eternamente na minha imaginação

Durante a presença do amor eu pude sonhar
Tendo verdadeira viagem astral pelo paraíso
Uma vez que pude muitas coisas constatar
Dentre elas que acima de tudo amar é preciso

Amar se aprende amando e isso eu pude fazer
Deixando o meu coração até ao céu me elevar
Para sentir que o melhor da vida é o prazer
Que o podemos sentir e também o podemos dar

Amar é ter um tesouro guardado no coração
Que nos faz ricos mesmo sem ter dinheiro algum
Porque nos dá uma felicidade sem comparação
Obtendo realização sendo dois ou mesmo um

Amar é ter um pedacinho do céu já aqui na terra
Que nos faz ver tudo com outros olhos bem melhores
Fazendo com que a vida seja uma primavera eterna
Não nos acontecendo coisas piores.

Amar é ter dentro de nós a presença de Deus
Que nos possibilita encontrá-lo em todo lugar

Nos levando a sentirmos como sendo filhos seus
Fazendo de tudo para sempre do mal nos salvar.

## Vamos semear aqui para colhermos na eternidade

Vamos semear aqui para colhermos na eternidade
Seja lá o que for que possa aqui fazer alguém feliz
Porque o maior objetivo de cada um é a felicidade
Da forma como almeja o ser humano ou Deus quis

Quem semeia o bem aqui, seja lá o jeito que for
Por certo irá colher muitos frutos maravilhosos
Que irão a muitos alimentar sob o efeito do amor
Os quais irão de coração agradecer mui carinhosos

Sendo todos vindos de Deus como Ele devemos agir
Plantando o que podemos de melhor aqui na terra
Na expectativa de virmos a colher no nosso porvir
Visando fazer daqui paraíso acabando com a guerra

Temos o poder de semear tudo que de melhor existe
Para transformar o mundo transformando as pessoas
Não permitindo jamais que alguém aqui fique triste
De forma que todos possam colher só coisas mui boas

Semeando só o que é bom acabaremos com o que é ruim
Porque o que é do bem é mais forte do que o que é do mal
Permanecendo sempre no mundo, sem jamais ter um fim
E sempre estará se expandindo de forma plena e total

O nosso mundo está repleto de maldade por toda parte
E a quem semeia maldade nunca falta por ter seguidores
Mas devemos todos fazer da semeadura do bem uma arte
Para que acabe-se de vez em nossas vidas nossas dores

Onde houver maldade que todos possam levar bondade
Para que o nosso mundo possa uma vez por todas mudar
De forma que todos tenham de tudo sobretudo felicidade
Conseguindo plenamente na terra o que vivem a sonhar

Embora o mal e o bem sejam aqui faces da mesma moeda
Cabe a todos nós sabermos um do outro sempre distinguir
Para evitar optar pelo mal que pode causar nossa queda
Tirando de vez o nosso pleno direito de viver e de sorrir

Temos que apostar no bem, mesmo que o mal colha vitória
Pois temos o próprio Deus em Jesus nos ajudando a lutar
Buscando sempre o bem e o amor que podem nos dar glória
Já aqui na terra e depois lá no céu aonde nós iremos morar.


## Te amar é como uma música compor

Te amar é como uma música compor
Na escolha de tudo caprichando
Inspirado pelo seu grande amor
Para depois sair por aí cantando

Cada gesto meu a você é um verso
Que faço como a obra de um artesão
Porque ter seu amor é ter o universo
Que cabe por inteiro no meu coração

Cada rima minha é o ruído de sua voz
Que ao ouvi-la me encanta e fascina
Como resultado da harmonia entre nós
Devido ao grande amor que nos domina

Meu amor por você tem um ritmo suave
Quanto o de uma sinfonia de Beethoven
Pois entre nós não há nenhum entrave
Que desagrade àqueles que nos ouvem

Minha vida com você é como a melodia
Da mais romântica música que existe
E você enche a minha vida de alegria
Acabando de vez com o que me faz triste

Como uma canção de ninar que componho
É o seu amor no mais íntimo do meu ser
E acordado ou dormindo eu tenho o sonho
De contigo em tudo sempre poder vencer

Tudo que vem de você me traz inspiração
Para a bela música da minha vida compor
Fazendo bater mais acelerado meu coração
Devido à presença do seu grandioso amor

Você já é para mim uma música perfeita
Porém que se deixa aperfeiçoar por mim
Já que do meu coração e alma és a eleita
Por quem desejo viver gamado até o fim

És a música que me faz cantar e dançar
Embalado como um bebê no seu bercinho

E cada palavra sua faz me transformar
Por receber de você um grande carinho

Como uma orquestra de tudo completinha
Tanto de pessoas quanto de instrumentos
É você que não me deixa faltar nadinha
Fazendo elevar meus nobres sentimentos.


## Quando eu te vi

Quando eu ti vi meu coração bateu forte
Como se eu tivesse visto um anjo celestial
E naquele momento já vi em ti minha sorte
Por estar de frente ao teu corpo escultural

Quando eu ti vi frente a uma deusa me senti
Ao ponto de nem palavras ter para te falar
Pois seu corpo revelou-me o que não há aqui
E que eu apenas estava acostumado a imaginar

Quando eu ti vi achei que eu estava sonhando
E belisquei-me para de fato poder constatar
Pois tudo aquilo que eu estava contemplando
Deixava-me de corpo e alma levitando no ar

Quando eu ti vi me senti transportado ao céu
Porque sua imagem forte demais em mim bateu
Transpassando toda a barreira envolta em véu
Para revelar-me tudo aquilo que é somente seu

Quando eu ti vi outra coisa não pude constatar
A não ser que eu estaria em uma outra dimensão
Na qual eu poderia contigo em tudo me realizar
Porque o amor já tomara conta do meu coração

Quando eu ti vi minhas entranhas estremeceram
Como se grande vulcão explodisse dentro de mim
E senti que tudo e todos por mim logo torceram
Para eu me sentir num reino que não tenha fim

Quando eu ti vi imaginei que estava no além
Pela formosura encantadora em ti estampada
Ao ponto de me sentir um anjo não um alguém
E dali para frente senti a nossa sorte já selada

Quando eu ti vi nenhuma dúvida mais pude ter
De que para sempre um do outro nós seríamos
E que nunca mais iríamos um do outro esquecer
Pois ser um do outro para sempre nós gostaríamos

Quando eu ti vi o universo inteiro logo se mudou
Porque o amor acabava de em nós nascer potente
E tudo em nós a partir dali logo já se transformou
De forma que passamos a ver tudo bem diferente

Quando eu ti vi deixei de ser quem de fato eu era
Porque um mundo novo aos meus olhos já se abriu
Repleto de todas as possibilidades e sem quimera
E pude constatar que o meu futuro para mim sorriu.

# O "sem" deste mundo

Neste mundo existe diversos tipos de "sem"
E "sem dinheiro" é o que mais por aí existe
Pois para ganhá-lo o principal eles não têm
Que é a matéria-prima na qual ele consiste

Existe também e muito os "sem conhecimento"
Vítimas de um analfabetismo crônico ou doentio
Inibidor ou anulador do poder do pensamento
Nos causando muito medo e até mesmo calafrio

Há e muitíssimos os chamados "sem educação"
Porque isso não receberam os que os criaram
De forma que não puderam dar por esta razão
E por causa disto todos o pato é quem pagaram

Também há os "sem terra" em todo o mundo
O que os impede de plantar e mesmo de colher
Assim como tantas coisas de valor profundo
De forma que eles só vivem por aí a sofrer

O que não falta no mundo são os "sem pão"
Que vivem anêmicos e até de fome morrendo
Sem ter quem sequer deles tenha compaixão
Dando-lhes comida para continuarem vivendo

Há também e muito os chamados "sem tetos"
Que nem sequer têm onde possam dormir
Dormindo por toda parte ao relento e inquietos
Contra sol, chuva e vento tentando resistir

Há os ditos "sem escola ou universidade"
Não tendo onde estudar buscando o saber
Que lhes ajudaria a encontrar a felicidade
Bem como tudo o que lhes facilitaria viver

Há e muito os chamados "sem informática"
Que têm dificuldade de um emprego arrumar
Assimilando o saber para pô-lo em prática
Para poder bem melhor na vida se realizar

Os chamados "sem família" há por aí e bastante
Vivendo por aí abandonados nas ruas ou asilos
E assim não têm paz e nem alegria um instante
Sem que os governantes percebam seus vacilos

O mais triste de tudo é haver os "sem religião"
Para os quais Deus não existe ou Nele não creem
Estando então ele ausente da alma e do coração
Já que alegam que nunca a Deus eles veem.

## Utopia Miguelina

Virá o dia em que todos de tudo teremos
Nada faltando de materialmente se falando
E a paz reinará onde quer que habitemos
Pois Deus estará de fato conosco morando

Virá o dia em que todos pobres não seremos
Pois seremos todos ricos e muito plenamente
E com a ganância de nosso coração acabaremos
Para que ajamos não como lobo mas como gente

Virá o dia em que todos terão poder
Para realizar tudo o que de bom se quer
Sem os nossos desejos termos que reter
Quer sejamos criança homem ou mulher

Virá o dia em que seremos todos iguais
Tanto em direitos bem como em dignidade
Quer moramos nas zonas rurais ou capitais
Tendo o que mais importa que é felicidade

Virá o dia em que todos teremos o saber
Para poder entrar e sair em qualquer lugar
Sem ter que com isso muito vir a sofrer
De forma que nada poderá vir a nos barrar

Virá o dia em que todos teremos grande fé
Para realizarmos o que Cristo aqui realizou
Ao ponto de por cima d'água andarmos a pé
Provando que nosso desejo se concretizou

Virá o dia em que todos nós amados seremos
Sem que ninguém para isso precise implorar
Pois nosso objetivo maior realizado teremos
Podendo nós todos plena felicidade desfrutar

Virá o dia em que todos poderemos por aí sair
Andando como se estivéssemos em nossos lares
Sem temermos que ninguém venha a nos perseguir
Pois trataremos a todos como nossos familiares

Virá o dia em que todos livres de tudo seremos
Para irmos e virmos para onde bem desejarmos

E nenhuma lei governante ditatorial nós teremos
Para nos impedir conseguir aquilo que almejarmos

Virá o dia em que todos já não mais faremos o mal
Porque só o bem é que desejaremos ao outro fazer
Já que somente amor em nós reinará de forma total
Para só recebermos e só darmos ao outro o prazer.

## Amanhã tudo será diferente de hoje

Ainda que seja tarde amanhã tudo será diferente
De tudo o que no momento nós aqui presenciamos
E tudo aquilo que hoje a mim não deixa contente
Com certeza amanhã mudado todos nós o vejamos

Amanhã será um novo dia, repleto de realizações
Para todos nós que no futuro sempre acreditamos
Tendo esperança viva e constante nos corações
E para mudar a nós e o mundo sempre batalhamos

O nosso futuro será maravilhoso e mui promissor
Porque o que plantamos no presente irá germinar
Fazendo com que no nosso coração tenhamos amor
Que fará com que a violência venha logo a se acabar

Amanhã não será preciso mais fazermos a guerra
Porque o outro não mais será para nós um inimigo
E reinará a fraternidade universal já aqui na terra
De forma que ninguém persiga ou será perseguido

Nosso futuro será fantástico e mui extraordinário
Por tudo que aqui as futuras gerações irão fazer
E por terem tanto amor ninguém será mais solitário
E cada um ao outro facilmente poderá compreender

Ninguém mais no futuro praticará atos de maldade
Que possa vir a ofender ao outro ou à natureza
E ninguém mais vai lutar em busca da felicidade
Pois ela brotará naturalmente de nós com certeza

Nova era está aí chegando, de prosperidade repleta
Não mais só para uns e outros como hoje acontece
Fazendo com que todos tenhamos uma vida completa
Cada um tendo tudo aquilo que precisa ou merece

No novo mundo não será mais preciso acumularmos
Pois só o necessário para vivermos nós buscaremos
E não precisaremos de bancos para depositarmos
Porque nem mesmo de dinheiro nós precisaremos

O que está reservado para os do futuro é bem melhor
Do que tudo o que no momento nós estamos tendo
Porque tudo o que agora nós temos de ruim e de pior
Será superado e transformado como estou dizendo

O novo céu e a nova terra do Apocalipse tão vindo
E feliz de quem estiver vivo para poder desfrutar
Sentindo-se plenamente feliz realizado e sorrindo
Sem ter que jamais sofrer ou mesmo vir a lamentar.

## Nascemos para fazer a diferença

Nascemos para fazer a diferença
Não ficando apáticos e indiferentes
Agindo sempre como quem não pensa
Ou até mesmo como uns indolentes

Quem não quer o nosso mundo mudar
Já que tantas coisas estão erradas
Exigindo quem possa tudo transformar
Para não dar mais tantas cabeçadas?

Por que termos que fórmulas repetir
Sendo que já não servem mais para nós
E as mesmas já estão a nos impedir
Até mesmo de soltarmos a nossa voz?

Muitas pessoas nos obrigam a obedecer
Sem refletirmos e até de forma cega
Tudo aquilo que só nos faz muito sofrer
E que só os nossos direitos nos nega

Não podemos viver sempre oprimidos
Diante de tudo aquilo que já caducou
Exigindo que sejamos bem decididos
Para mudar tudo o que já se saturou

Há quem se omite sem querer mudança
Nem para si e nem para ninguém mais
Mas há quem tenha ainda a esperança
De ver tudo mudado pra si e os demais

Se cruzarmos os braços e nada fizermos
Nada poderemos de fato aqui mudarmos
E tudo aquilo que de fato nós quisermos
Jamais poderemos de fato alcançarmos

Qualquer um pode muito bem algo fazer
Para ver o nosso mundo transformado
Desde que procure sempre mais aprender
Não ficando esperando de braços cruzados

Quem não quer que nada muda é a elite
Para quem tudo está muito maravilhoso
E nem sequer de ninguém aceita palpite
Porque o burguês da elite é orgulhoso

Faz a diferença aquele que diferente é
Pois age com determinação e muita ousadia
Provando para si e para os outros sua boa fé
Sempre apostando nas suas ideias e utopia.

## Sejamos todos samaritanos

Sejamos todos samaritanos nesta vida
Socorrendo aquele que é violentado
Para no hospital vir a curar sua ferida
Fazendo algo para vê-lo logo sarado

Há tantos por aí socorro nos pedindo
Quer seja física quer psicologicamente
E não podemos continuar nos omitindo
Como se o nosso irmão não fosse gente

Seja qual for a ajuda que venham a pedir
Não podemos aos outros ajuda lhes negar
Para que tenham também o direito de sorrir
Fazendo o que Cristo está a nos mandar

Há quem precise de nossa ajuda e negamos
Nos esquecendo de que um dia precisaremos
Seja qual for a situação porque passamos
Quem nos ajudar por certo gratos seremos

"Sorri do que chora pra chorar não demora"
Já diz o velho ditado com muita precisão
E quem quer ajudar não escolhe a sua hora
Jamais fecha egoisticamente o seu coração

Ninguém sabe quando é que de ajuda precisa
Porque a fatalidade sempre nos surpreende
E às vezes é algo que até mesmo nos aterroriza
Precisando de socorro de quem nos entende

Há os que são assaltados ou sequestrados
Precisando de quem alguma coisa faça
Para que não sejam mortos ou violentados
Por aqueles que os consideram uma caça

Há aqueles que são vítimas do terrorismo
E mais do que ninguém de ajuda carecem
Esperando que demonstremos altruísmo
Àqueles que terríveis dores padecem.

## Quando eu não estiver mais aqui

Quando eu não estiver mais por aqui
Seja lá aonde for em tudo vou pensar
E revendo tudo o que aqui eu já vivi
O filme da minha história vou passar

Seja onde eu estiver também aqui estarei
Contemplando tudo no espaço e no tempo
Porque daqui nada jamais esquecerei
Já que levo tudo no meu sentimento

Quero recordar sempre do meu passado
Já que ele é tudo que de melhor eu tenho
Que na minha memória ficará registrado
Como resultado do meu bom desempenho

Irei como no sonho aqui sempre voltar
Para reviver tudo que de bom desfrutei
Sem nunca ter que de nada me desapegar
Pois de tanto gostar a tudo me apeguei

Na eternidade da minha alma aqui voltarei
Para de novo tudo poder fazer e curtir
Realizando tudo o que eu não realizei
Para num paraíso eu poder me sentir

A minha vida do além vai continuar
Para fazer melhor o que aqui eu não fiz
E mesmo estando lá irei sempre buscar
Tudo o que eu preciso para eu ser feliz

Meu espírito como águia irá bem alto voar
Escalando os universos infinitos do céu
Até o dia em que em Deus eu me repousar
Quando ele para mim abrirá o seu véu

Reencontrando com todos que lá estão
Da eternidade por todos aqui vou rogar
Pedindo ao Deus e Pai de todo o cristão
Para a todos Ele com muito amor salvar

Estando bem juntinho de Deus lá no além
Com certeza vou pedir a Deus uma graça
A de poder presente aqui eu ficar também
Para poder ajudar a quem cai em desgraça

Embora a outra vida seja plenamente boa
Eu não quero desta abrir mão plenamente
Já que aqui precisa de mim cada pessoa
Que como eu de muitas coisas é carente.

## Somos o que pensamos e sentimos

Somos o que pensamos e sentimos
E isso já pode nos definir muito bem
Pois toda vez que nós aqui agimos
Fazemos ou não o que nos convém

É o pensamento que nos caracteriza
Nos fazendo agir como quem tem razão
Na execução de apenas aquilo que precisa
Não se deixando levar só pelo coração

É o sentimento que nos eleva
Nos fazendo até mesmo capazes de cantar
E nosso coração sempre embeleza
Especialmente pela capacidade de amar

Quanto mais treinamos o poder de pensar
Mais e melhor poderemos sermos criativos
Podendo até mesmo este mundo transformar
Basta que tenhamos pensamentos positivos

O mesmo vale para os nossos sentimentos
Pois eles são a base do nosso bem viver
E se quisermos viver a vida sem lamentos
Precisamos a nossa vontade fortalecer

Diferentes dos animais o homem foi criado
Tendo por potencial maior o seu raciocínio
De forma que tudo o que ele tem inventado
No mundo inteiro a todos causa fascínio

Como reis da criação é que aqui fomos feitos
Devido à dignidade da nossa personalidade
E uma vez que até podemos ser perfeitos
O nosso destino traçado é a eternidade

A vida só tem sentido se a vivermos bem
E para isso temos todas as possibilidades
De forma que podemos fazer só o que convém
Procurando deixar de lado todas as maldades

O mais importante é ter uma visão ampliada
Voltada para aquilo que de fato vale a pena

Porque só assim será maravilhosa a jornada
De quem aqui no mundo viveu e não fez cena

Mais do que pensar e sentir, podemos rezar
Acreditando em um ser supremo que nos ama
Sendo capaz de até mesmo seu Filho sacrificar
E em nossas almas até seu Espírito derrama.

## A criança ferida que há em nós

A criança ferida que existe em nós
Por cura e libertação sempre clama
Mas estupidamente calamos sua voz
Todas as vezes que ela a proclama

Ela consigo traumas íntimos traz
Que só a terapia os poderá curar
Tirando cada vez mais a sua paz
Enquanto de fato não se libertar

O que sempre sentimos intimamente
Toda vez que alguém nos contraria
É sinal mais do que claro e evidente
De que essa criança está em agonia

Nos sonhos ou nos pesadelos ela age
Para nos dizer tudo o que tá sentindo
E toda vez que a ferimos ela reage
Para nos dizer que ainda tá existindo

Um profissional competente a pode curar
Desde que nós a procure compreender
Procurando grande amor a ela demonstrar
Sem jamais vir a aumentar o seu padecer

Quem quiser saber as razões das ações
Da maioria das pessoas deste mundo
Procure lá no mais íntimo dos corações
Onde habita nossos mistérios profundos

Se até aos seis anos recebemos apenas não
Passaremos o resto da nossa vida em carência
Como se vazio estivesse sempre o coração
Correndo o risco de cairmos em demência

Com quem convivemos é que paga o pato
Uma vez que o que pensamos e sentimos
Logo se torna algo muito real e de fato
Pois apenas vivemos mas não existimos

Uma grande e pesada cruz nós carregamos
Sem sabermos dar uma clara explicação
E toda vez que dormindo nós sonhamos
Nossa criança vem exigir sua libertação

Infelizmente até tragédias nos acontecem
Por conta de essa criança viver sempre ferida
Porém disso muitos facilmente se esquecem
Não lhe demonstrando a atenção merecida.

# Tenho medo do medo que me apavora

Tenho medo do medo que me apavora
Fazendo-me perder a paz que tenho
E o medo da violência só me devora
Tirando-me a pouca coragem que tenho

O medo meu já está virando um pânico
Pois vivo aprisionado dentro de casa
Uma vez que tudo o que é satânico
Me amedronta deprime e me arrasa

Parece que há bandidos em todo lugar
E já não dá para confiar nas pessoas
Uma vez que todas parecem me assustar
Não parecendo mais serem gentes boas

Corro risco até na minha casa estando
E esse mundo parece estar mesmo louco
Pois por telefone já estão sequestrando
Para roubarem das pessoas o seu pouco

Dá muito medo ser ameaçado seja como for
Pois ninguém quer perder a vida que tem
E nem aquilo que tem de como grande valor
Prevalecendo a vontade de ser um alguém

As nossas vidas estão nas mãos de Jesus
Porque só ele pode de fato nos proteger
Nos dando no nosso caminho a sua luz
Para que não venhamos na vida a nos perder

Hoje se mata as pessoas por quase nada
Prevalecendo no coração ódio e maldade
Já que para muitos tudo aqui se acaba
Não se crê na condenação na eternidade

A morte de Jesus na cruz está sendo em vão
Para todos os que só fazem o mal na terra
Já que para ele e para nós fechou o coração
Podem até mesmo sem escrúpulo fazer guerra

De terroristas o mundo está mesmo muito cheio
Fazendo assassinatos e até tragédias em massa
Querendo justiça mesmo usando qualquer meio
Ainda que a muitos inocentes causem desgraça

O desemprego é de muitos o maior pesadelo
Pois a disputa por um lugar ao sol é enorme
E o governante sempre comete o exagero
De não criar emprego que ao povo conforme.

## Guerra e paz

Guerra é reivindicar os direitos
Paz é obtê-los como recompensa
Guerra é combater nossos defeitos
Paz é deixá-los virar uma doença

Guerra é lutar por quem se ama
Paz é por ele ser correspondido
Guerra é buscar o prazer na cama
Paz é não o obter e ser agredido

Guerra é buscar o saber sem cessar
Paz é se acomodar no analfabetismo
Guerra é querer o mundo transformar
Paz é se deixar alienar pelo capitalismo

Guerra é por bom salário trabalhar
Paz é conquistá-lo de forma justa
Guerra é o patrão você enfrentar
Paz é saber o quanto isso te custa

Guerra é sobre tudo você vir a refletir
Paz é você passado para trás não ser
Guerra é você saber as coisas digerir
Paz é você bater com a cabeça e sofrer

Guerra é lutar para na vida vir a vencer
Paz é você obter o sucesso merecido
Guerra é realizar um sonho com prazer
Paz é não lutar temendo ser vencido

Guerra é enfrentar quem domina oprimindo
Paz é você a ele covardemente se juntar
Guerra é você expressar o que tá sentindo
Paz é você facilmente ao rival se entregar

Guerra é não ter medo de nada ou ninguém
Paz é ser transparente e até verdadeiro
Guerra é falar livremente como se convém
Paz é poder percorrer até o mundo inteiro

Guerra é reivindicar a paz por justiça
Paz é ver acontecer a justiça desejada

Guerra é combater aquele que só cobiça
Paz é não lutar temendo levar cabeçada

Guerra é combater os próprios vícios
Paz é se deixar por eles se escravizar
Guerra é evitar de vida desperdícios
Paz é ir aos poucos deixando se acabar.

## Não devemos viver só por viver

Não devemos viver apenas por viver
Meramente como os animais vegetando
Porque temos a alma repleta de saber
Para o mundo estarmos transformando

Quem vive apenas por viver se engana
Quanto ao real sentido desta nossa vida
Que é dada como dom-graça a quem ama
Desde o seu nascimento até a sua partida

Cruzar os braços e viver em vão é ruim
Pois a vida para grandes coisas foi dada
E devemos vivê-la intensamente até o fim
Sendo que mesmo morrendo não se acaba

Uma missão todos aqui temos ao nascermos
Cabendo a nós descobrirmos e executarmos
Para servirmos àqueles com quem convivermos
E depois aqui as nossas marcas deixarmos

A vida em si mesmo já é absoluto valor
De forma que Cristo por ela até morreu
Demonstrando para nós o seu grande amor
Até mesmo o seu espírito santo nos deu

Que graça tem vivermos apenas para a terra
Sendo que no céu a viver somos convidados
Onde a plenitude da nossa vida se encerra
Já que em Deus seremos todos eternizados?

Enquanto aqui vivermos temos que agirmos
Para que a vida não se torne um tédio terrível
E com certeza iremos tão logo sucumbirmos
Por achamos a própria vida algo horrível

A vida é fonte de eternas possibilidades
Para aqueles que plenamente sabe valorizá-la
Procurando superar aqui todas as maldades
Dando o máximo de si para bem desfrutá-la

Há quem põe a sua vida sempre em perigo
Pondo também até Deus à prova tentando-o
Desconhecendo as leis que nos dão castigo
Nem mesmo Deus poderá estar salvando-o

Somos livres para à vida darmos direção
Não nos deixando como bestas nos levar
Apenas pelo instinto e força do coração
Mas usando a razão para do mal nos salvar

A vida é um perigo constante e até um desafio
Cabendo a nós lutarmos para sempre vencer

Mostrando ao mundo todo o nosso grande brio
De forma que aos outros venhamos a convencer

Viver é todos os dias uma vitória conseguir
Usando sempre a sabedoria e a inteligência
Sem jamais e em momento algum vir a desistir
Mas bravamente lutar sempre com persistência.

## Ame ou não ame, darás vexame

Quer ame ou não ame darás vexame
Pois amar é uma faca de dois gumes
E ainda há sempre quem algo reclame
Mesmo quando faz da sua vida estrumes

Quem não ama sofre e quem ama também
Pois amar e não amar sempre faz parte
Da vida de quem aqui quer ser alguém
Fazendo da sua vida uma obra de arte

Sofrer sempre faz parte do nosso viver
Ainda mais quando a ninguém não se ama
Mas também quando se ama colhe o sofrer
Já que ele é um ingrediente nessa trama

Quem ama deseja ser amado e também feliz
E não há como escapar de ciúmes e brigas
Pois amando e sendo amado Deus o bendiz
Para que não venha a ser vítima de intrigas

Querer amar e ser amado toda pessoa quer
Mas nem sempre ambos os casos são possíveis
Pois não se pode fazer o que bem quiser
Tendo que se sujeitar de formas incríveis

Quem não ama sofre por carente ficar
Sobretudo por também ficar sozinho
Sem ter ninguém para poder lhe amar
Dando-lhe todo o seu amor e carinho

Quem ama e não é correspondido sofre mais
Por não ter o objeto do seu imenso amor
De forma que não consegue amar aos demais
Achando que todos eles lhes são um terror

Quem ama e também é amado sofre também
Porque tem que passar por maus bocados
Para poder educar a todos os filhos que tem
E casos de ciúmes os fazem ficar brigados

Muitos querem ser livres, mas casados
O que praticamente é quase impossível
Uma vez que já estão compromissados
Praticamente só se pode fazer o possível

Seja lá qual for a opção que se fizer
Qualquer um de nós sempre vai sofrer
Pois temos que viver pro que der e vier
Se quisermos aqui no mundo sobreviver.

## Com educação não é preciso repressão

Com educação não é preciso repressão
Pois educação produz liberdade e paz
Uma vez que educando o nosso coração
Por certo teremos o que nos satisfaz

Educação nos é sinônimo de realização
Pois com ela tudo o mais nós adquirimos
Sobretudo podemos combater a alienação
Expressando o que pensamos e sentimos

Tendo educação o resto por acréscimo vem
Abrindo-nos as portas das possibilidades
Para na vida por certo sermos um alguém
Superando assim as nossas desigualdades

Quem tem educação já tem grande riqueza
Pois ela é moeda de ouro de muito valor
Que pode nos dar liberdade com certeza
Para nos fazer viver com bem mais amor

Quem não tem educação é um pobre coitado
Que foi roubado no que poderia ter de melhor
Para viver como quem se sente preparado
Para na vida sempre evitar o que se é pior

Ser educado é ser plenamente um ser humano
Pois já tem superado aqui sua animalidade
Eliminando de si mesmo aquilo que é insano
Encontrará o que lhe trará a sua felicidade

Felicidade terá aquele que tiver educação
Pois ela é um tesouro que ninguém nos tira
E para a eternidade a levamos no coração
Tendo sempre com certeza a salvação na mira

Quem não recebeu educação na vida vegetará
Não tendo praticamente nenhuma perspectiva
E com certeza não vencerá mas fracassará
Já que por certo não terá espírito de iniciativa

Quem administra os lares os países e a terra
Tem que aos subordinados dar sempre educação
De forma que no mundo não mais haja a guerra
E todos nós consigamos aqui plena realização

Pela educação passa a nossa plena libertação
Em todos os sentidos que a palavra possa ter
Pois ela contém em si tudo o que dá satisfação
E que pode nos tirar tudo aquilo que faz sofrer.

## Podemos ir até onde vai nosso pensamento

Podemos ir até onde vai nosso pensamento
Porque o pensamento é a asa que nós temos
Para voarmos embalados pelo nosso sentimento
De forma que até mesmo o céu nós alcancemos

Pensando podemos sempre escalar o infinito
Para buscarmos o que na terra não achamos
Que está escondido dentro do nosso espírito
E que nem sempre com afinco nós buscamos

No pensamento está a fonte da realização
Mas nós não nos treinamos para pensar bem
E permitindo sermos vítimas da alienação
Nunca poderemos na vida sermos um alguém

Nosso pensamento é por natureza criativo
Mas depende de nós usarmos corretamente
Para que ele seja de fato bem construtivo
Fazendo aqui fora o que faz na nossa mente

O pensamento é a junção de várias energias
E sendo posto em prática pode revolucionar
Fazendo com que saiamos das nossas letargias
Sobretudo se formos capazes de muito amar

Muito pode quem pensa bem e com metodologia
Pois pratica sempre o que pensa sabiamente
Como quem manja tudo e algo de sabedoria
Mostrando-se sempre que é muito competente

Quem revolucionou o mundo pensou diferente
Acreditando em si mesmo e no seu potencial
Provando que é muito esperto e inteligente
Fazendo aquilo que prova o seu diferencial

Pelo pensamento podemos criar e inventar
Pois é algo que com Deus nos faz parecer
Ainda que a natureza temos que transformar
Para podermos de fato os obstáculos vencer

Só quem não pensa na vida dá suas cabeçadas
Não exercitando o seu talento extraordinário

Vendo sempre as suas iniciativas fracassadas
Por não ter sido de fato um grande visionário

Quem pensa com metodologia e determinação
Certamente será sempre um grande vencedor
Por ser capaz de fazer até mesmo uma revolução
Por ter sempre um espírito empreendedor.

## O que agora eu vejo

O que agora eu vejo depois já não verei
Porque para isso há várias possibilidades
A certeza plena de que um dia morrerei
Bem como o fato de tudo ser efemeridades

O tempo tudo devora e a tudo dá um fim
De forma que nada a ele pode vir a resistir
Servindo para os outros e também para mim
E se tentarmos escapar não iremos conseguir

Tudo o que me encanta e me fascina passará
Ficando talvez apenas na memória do tempo
E talvez lá no futuro alguém disso me lembrará
Bem como de tudo o que fazemos no momento

Diante da brevidade da vida e de minha finitude
Tão brevemente o que aqui existe já não existirá
E todos os do mundo não tendo aqui plenitude
Marcha querendo ou não em busca do que virá

Do amanhã ninguém tem certeza aqui agora
Porém do agora todos nós temos e com segurança
Embora sabendo que tão logo iremos embora
Ficando de nós para outros apenas a lembrança

Como olhando para trás, outros nós conhecemos
Quem no futuro viver a nós também conhecerá
Se dando conta de tudo o que agora fazemos
E para as novas gerações tudo sobre nós falará

De diversas formas as nossas marcas deixamos
Tentando sempre não passarmos por aqui em vão
Pois sabemos que eternamente aqui não ficamos
E para os outros deixamos a nossa recordação

Infelizmente pelo tempo deletados nós seremos
Por sermos seres muitíssimo fracos e mortais
Restando somente aquilo que nós escrevemos
Tanto sobre nós mesmos quanto sobre os demais

Milhões de pessoas já nasceram desde Adão
E que pelo tempo já foram todas tragadas
Restando somente a sua história e recordação
Para delas hoje e sempre serem lembradas

Eu não existia lá no passado e hoje eu existo
Porém com certeza no futuro já não existirei
Mas a minha história eu deixarei por registro
Para provar que algum dia por aqui eu passei.

# A educação que o povo brasileiro deseja

A educação que o brasileiro sonha
Não é essa educação burguesa e elitista
Mas a uma educação digna que o disponha
A na própria vida desbravar a sua pista

Não uma educação-esmola e sem sentido
Que aliena e sempre impede a autonomia
Fazendo com que se viva sempre sofrido
Sem ter direito ao pão à paz e à alegria

Mas uma educação que transforme de fato
Provocando a libertação plena de todo o ser
Para se viver fazendo aqui um mundo exato
Onde o ser humano possa em tudo se desenvolver

Não uma educação bancária e decoradora
Que visa só fazer provas e de tudo se esquecer
De forma que uma maioria bem esmagadora
Seja submissa a uma minoria só a enriquecer

Mas uma educação politicamente igualitária
Que faça jus ao que diz a nossa constituição
Sendo na prática humana e muito solidária
Para resgatar direitos e deveres do cidadão

Não uma educação mesquinha e até maquiada
Para mascarar a corrupção e abusos da elite
Que sempre prostituiu a nossa pátria amada
Sem dar satisfação a ninguém ou pedir palpite

Mas uma educação que revolucione de uma vez
Todas as estruturas conservadoras e opressoras
Que nunca procura nos dizer sim mas só talvez
Sanando os problemas com uso de metralhadoras

Não uma educação que não ensine a inventar
Que não investe nos talentos e habilidades
Que possibilite até mesmo virmos algo criar
Com infraestruturas que tenham qualidades

Mas uma educação que dos livros vá muito além
Em que se aprenda para a vida e não para a escola
Permitindo sonhar para de fato ser um alguém
Estudando para se aprender sem precisar de cola

Não uma educação burocratizada visando a um canudo
Que sem uma experiência comprovada não vale nada
Sobretudo quando se é um pequeno e não um graúdo
Correndo o risco de ficar na classe marginalizada.

## As ideias

Dê-me ideias e o mundo transformarei
Pois ideias são a fonte de toda criação
E tendo elas muito dinheiro eu ganharei
Pois terei como criar ou fazer invenção

São as ideias que fazem o mundo se mover
Porque nos fazem potencializados para criar
Provando que temos conhecimento ou saber
Para usando a matéria-prima algo inventar

Quem tem ideias já tem um grande tesouro
As quais têm um valor que é incalculável
Valendo bem mais que o dinheiro e o ouro
Se praticadas de forma certa e admirável

Nós só evoluímos porque ideias nós temos
Para criar e inventar coisas maravilhosas
Aqui conseguindo tudo o que nós desejemos
Demonstrando o quanto elas são poderosas

Todo aquele que tem ideia também tem poder
Para criar ou inventar tudo o que ele quiser
E assim muito dinheiro e fama também obter
Vendendo o que inventa para quem bem quer

Através das ideias Deus o mundo todo criou
Demonstrando sempre o quanto capazes são
E para imitá-lo sempre com elas nos dotou
Ajudando-o na grande obra da sua criação

Tudo o que existe nas ideias está contido
Porque foi delas que tudo aqui se originou
Para que assim pudesse aqui ter existido
Por Deus e também pelo homem que criou

De ideias novas o nosso mundo é carente
O que sempre o impede de se transformar
Porque deixa o homem muitíssimo impotente
Sempre incapacitado para o novo inventar

Para se ter boas ideias é necessário pensar
Pois a fonte das boas ideias é o pensamento

Porque nos leva sempre a sentir e a imaginar
Tudo aquilo que nos dá muito contentamento

Como exemplo de boas ideias temos o Platão
Que inspirou a outros que depois dele vieram
Fazendo em toda parte do mundo uma revolução
Com tudo o que falaram escreveram ou fizeram.

## Reviver o passado ou idealizar o futuro

Reviver o passado ou idealizar o futuro
Eis a questão básica para o homem resolver
Uma vez que o presente lhe parece obscuro
E em um dos dois momentos ele precisa viver

O passado é repleto de exemplos e de fatos
Que outros homens aqui um dia nos deixaram
Já o futuro seus objetos nos são abstratos
Porque nele os homens ainda sequer chegaram

O presente nos angustia sem perspectivas dar
Nos fazendo cair no marasmo e na monotonia
Nos deixando atônitos e sem coragem pra lutar
Sobretudo sem contarmos com a força da utopia

O porvir nos amedronta por não o conhecermos
E principalmente porque ele nem sequer existe
E então optamos até mesmo por o esquecermos
Já que nele nada real de fato ainda consiste

O passado é um banquete de fatos e de história
O qual podemos saborear cada um do seu jeito
Pois é tudo o que ficou escrito ou na memória
Para poder ajudar o homem a ser mais perfeito

O presente está entre o futuro e o passado
Como nossa fonte de todas as possibilidades
Mas quem não estiver para ele bem-preparado
Poderá vir a ser vítima das suas atrocidades

O futuro é uma incógnita a ser ainda decifrada
Pois dele não temos ainda dados bem concretos
E como não desejamos na vida darmos cabeçada
Fazemos opções que na vida nos deixa inquietos

O passado para muitos é defunto que cheira mal
Causando repulsa por ser algo já ultrapassado
Já que sonham com coisas novas de forma total
Propõem aquilo que faz o mundo ficar renovado

O presente é tudo o que se pode ter de promissor
Pois é tudo o que temos de fato e concretamente
Sem que o passado ou o futuro possa a ele se opor
De forma que podemos agir nele sempre livremente

O futuro também é fonte de promessas renovadoras
Só dependendo de como nós para ele nos preparamos
Tendo sempre em nós ideias boas e transformadoras
Se de fato um mundo novo e humano nós desejamos.

# Bem-aventurados os que não têm terra

Bem-aventurados os que não têm terra
Porque depois terão terra para se plantar
Bem-aventurados os que estão na guerra
Porque a paz poderão um dia desfrutar

Bem-aventurados os que não têm teto
Porque terão casa para poder morar
Bem-aventurado quem só vive inquieto
Porque o que quer deverá encontrar

Bem-aventurados os que não têm emprego
Porque o emprego obterão para trabalhar
Bem-aventurado quem tem desassossego
Porque o sossego terá para vir a descansar

Bem-aventurados os que não têm escola
Porque escola eles terão para vir a estudar
Bem-aventurado quem por aí pede esmola
Porque um dia nada haverá de lhe faltar

Bem-aventurados os que não têm família
Porque uma família um dia os vão adotar
Bem-aventurado quem se sente uma ilha
Porque uma multidão o haverá de cercar

Bem-aventurados os que não têm um amor
Porque um amor um dia terão para o amar
Bem-aventurado quem sofre todo tipo de dor
Porque de toda dor Deus haverá de o libertar

Bem-aventurados os que não têm dinheiro
Porque muito dinheiro terão pra gastar
Bem-aventurado quem é um prisioneiro
Porque da prisão alguém haverá de o soltar

Bem-aventurados os que não têm fama
Porque fama eles vão ter para se gloriar
Bem-aventurado aquele a quem se difama
Porque um dia Deus o haverá de exaltar

Bem-aventurados os que não têm ideal
Porque um dia ideal terão para realizar
Bem-aventurado quem sofre devido ao mal
Porque de todo mal Deus o vai salvar.

## Salú, o fundador da Panelinha I

Embora outros também deram sua contribuição
Para que Panelinha I pudesse ser fundada
Aqui quero destacar o nome de um cidadão
Salustiano o Salú autor desta empreitada

Vendendo e mesmo dando lotes para o povo
Salú fez reforma agrária na sua fazenda
Desejando sempre construir um mundo novo
Sem jamais envolver-se em uma contenda

Se inspirando em JK e em Antônio Montalvão
Salú desejava fazer do lugarejo uma cidade
Dedicando-se a ela de corpo alma e coração
Para trazer a todos da nossa região felicidade

Salú trouxe para a Panelinha l o ensino
Através da família do agregado Seu Né
Que educou tanto o adulto quanto o menino
Mesmo que tivessem que andar muito a pé

Salú permitiu vir para o lugar a eletricidade
Para facilitar a vida de todos os habitantes
Que passaram a viver como se fosse na cidade
Sentindo-se mais valorizados e importantes

Para que o povo com o padre pudesse rezar
Salú lutou e trouxe para o lugar uma igreja
Na qual a Deus todos pudessem vir a adorar
Pedindo-lhe força para continuar sua peleja

Por muitos anos Salú ao comércio se dedicou
Vendendo fiado e até mesmo dando mercadoria
Para todo aquele que dele um dia muito precisou
Procurando sempre viver com todos em harmonia

Como o comércio não rendeu como ele desejava
Salú resolveu então se dedicar bem à agricultura
Já que a natureza de corpo e alma muito amava
Com os seus a lavoura cultivou com desenvoltura

Casando-se duas vezes e com 11 filhos para criar
Salú vendeu o terreno da segunda esposa no Aterro
Para novamente ao comércio ele poder se dedicar
Mas só ao fracassar-se é que percebeu o seu erro

Por fim, vendo que seus sonhos não se concretizavam
Salu com sua família para cidade de Manga-MG se mudou

Já que alguns dos seus onze filhos lá já se encontravam
A felicidade e a paz para o seu coração ele encontrou.

## Panelinha

Panelinha embora és a menor dentre as de Minas
Não és de jeito algum a vila menos importante
Pelo contrário por ter marcado as nossas sinas
Pelo mundo nós te exaltaremos a todo instante

Seus filhos se orgulham por de ti filhos serem
Apesar de seres uma mãe pobre e não tão bonita
Mas repleta de amor para dar para todos verem
O que dentre todas as outras te tornas bendita

A muitos filhos ilustres deste a vida com amor
Os quais se espalharam por este mundão aí afora
Carregando no coração e na alma o que tem valor
Sendo para ti motivo de honradez no aqui e agora

O que tens de bom ainda está para ser explorado
Pois os governantes e teus filhos não o souberam
Mas por certo ainda será num futuro aguardado
Por tantos filhos que com candura te veneram

O futuro teu e dos seus filhos é mesmo muito promissor
Antes do fim do mundo maravilhas em ti acontecerão
Pois és protegida e muito abençoada por nosso Senhor
Porque os teus filhos te amam de corpo alma e coração

Um dia serás grande quanto são muitas do Brasil
Porque teus filhos farão de tudo para te transformar
Estudando trabalhando e lutando com espírito varonil
Para um dia o mundo todo poder atônito te admirar

A tua glória se faz na pessoa de todos os filhos teus
Que desde o passado sempre tudo de si por ti deram
Que sempre tiveram muita fé sem jamais serem ateus
Já que como tantos outros sabem para o que vieram

A esperança de que o amanhã será para todos melhor
Faz com que você seja desde já um colosso na terra
Já que os antepassados passaram pelo que era pior
Mas mesmo assim não se digladiaram fazendo guerra

Como a pequena Grécia podes exportar para o mundo
Tanto ideias quanto gênios e até heróis verdadeiros
Capazes de demonstrar a ti e a todos amor profundo
Destacando entre todos do mundo sempre os primeiros

O momento presente já te é motivo de muita alegria
Pois o que agora colhes muitos em ti plantaram antes
Confiando na realização dos seus sonhos e na utopia
Partindo para a outra vida esperançosos e confiantes.

# É proibido proibir

É proibido proibir o que Deus jamais proibiu
Deixando-nos completamente livres para viver
E até a nossa vida humana em Jesus assumiu
Morrendo na cruz para não nos deixar sofrer

É proibido proibir o que ao homem faz muito feliz
Só para manter sobre ele uma hipócrita dominação
Falando "não faça o que se faz mas o que se diz"
Mantendo no mundo e em nós censura e repressão

É sempre proibido proibir somente por proibir
Porque isso não leva à nada e a nenhum lugar
Já que só nos tira sempre o direito de sorrir
Sem termos a oportunidade de livres transitar

É sempre proibido proibir o que não faz sentido proibir
Porque queremos liberado para podermos desfrutar
Buscando o que tem de melhor para podermos curtir
Sem sermos torturados e numa prisão termos que ficar

É proibido proibir aquilo que só nos dá muito prazer
Nos fazendo felizes e dispostos a vivermos em paz
Procurando sempre evitar aquilo que nos faz sofrer
Para cultivarmos sempre mais aquilo que nos satisfaz

É proibido proibir em nome de um Deus que libera
Para se viver tudo com amor e com responsabilidade
Sem ter que dar atenção para o tempo ou para a era
Importando na verdade viver em prol da felicidade

É proibido proibir só porque alguns assim o querem
Não importando o porquê mas só tendo que cumprir
Quando tantos outros podem fazer o que bem quiserem
Podendo assim tudo o que se deseja sempre curtir

É proibido proibir só para impedir sempre o progresso
Sobretudo dos que são pequenos ou menos favorecidos

Para que nunca venham a ter também na vida sucesso
Sendo sempre pelos poderosos dominadores oprimidos

É proibido proibir somente para dizer que se proibiu
Mesmo sabendo que ninguém vai isso querer obedecer
Uma vez que o próprio Deus de ninguém isso não exigiu
Importando que pelo livre-arbítrio saibamos escolher

É proibido proibir o "improibível" por uma mera proibição
Uma vez que por natureza gostamos muito de liberdade
Para nos sentirmos felizes de toda nossa alma e coração
Ainda que tenhamos que agir com muita responsabilidade.

## São Paulo das chacinas

No São Paulo das chacinas mais uma ocorreu
Uma não duas... não três ou mesmo várias são!
Na sexta no sábado no domingo quem morreu?
Ah! devedores mas também inocentes sem perdão!

Mata-se aqui em Sampa mais do que nas guerras
Tanto por causa de drogas quanto por possessão
Nos lembrando de que isso ocorre noutras terras
Já que em toda parte falta segurança pro cidadão

Quem não quiser morrer que não fique dando sopa
Evitando todos os locais onde se falta segurança
Porque com certeza se vacilar leva tiro na boca
Indo pro brejo toda uma vida repleta de esperança

O correto mesmo é o governante a todos proteger
Para fazer jus aos impostos que sempre nós pagamos
Porque todos que vêm ao mundo não desejam morrer
Sendo que desta vida muito pouco nós desfrutamos

Até dentro de casa nós corremos um risco grande
De sem mais nem menos virmos a morrer e em vão
Uma vez que o banditismo no Brasil só se expande
Para matar e acabar de vez com a vida do cidadão

Quem pode aguentar viver num país desse jeito?
Quando se sai de casa sem esperança de voltar
Podendo-se morrer de violência ou preconceito
Sem se ter mais vontade de aqui ficar ou morar

Em quase todos dias ocorrem chacinas Brasil afora
Mas São Paulo dos estados é um grande campeão
O que faz com que muita gente daqui vá embora
Ainda que tenha que morar nos confins do sertão

Quem aguenta ver serem sempre mortos os parentes
Sem saber o que poderá vir a fazer ou a quem recorrer
Vivendo aqui sempre com medo de bandidos dementes
Tendo que calar e aguentar sozinho todo o seu sofrer

Milhares de pessoas morrem por aí sem uma explicação
Como se nem gente fossem mas sim selvagens animais
Já que sempre foi e é desrespeitada a nossa constituição
Não sendo levado em conta meus direitos e dos demais.

# Anjos da nação

Os professores são os anjos da nação
Pois são eles que nos educam com amor
Fazendo de tudo pra nos dar a educação
E acima de tudo nos dando muito valor

São os professores que nos fazem gente
Porque nos ensinam do bêábá à faculdade
Tudo aquilo que transforma nossa mente
Para virmos a alcançar a nossa felicidade

São os professores que nos guiam na vida
Nos protegendo contra toda espécie de mal
Dando-nos condições de encontrar uma saída
Para todo problema ainda que seja tão banal

Sem professores a vida seria sem sentido
Pois eles nos preenchem com o conhecimento
Fazendo com que ninguém se sinta perdido
Já que aprendeu a fazer uso do pensamento

Os professores merecem ser mais valorizados
Sobretudo pelos governantes da nossa nação
Recebendo melhor salário e sendo respeitados
Uma vez que sempre nos repassam a instrução

Sem professores o mundo não funcionaria
Mas uma vez por toda e sempre iria paralisar
Já que eles são o motor que produz a energia
Que sempre o coração da gente fazem vibrar

Não tem quem não tem um professor notável
Inesquecível pela sua muito grande simpatia
O que o faz sempre e muito mesmo admirável
Fazendo com que dele lembremos com alegria

Pelos nossos professores passa o nosso destino
Bem como aquelas melhores profissões do mundo
Pois eles ensinam tanto ao velho como ao menino
Demonstrando que têm um amor muito profundo

Quem quiser ser professor que bem se prepare
Para grandes batalhas que vai ter que enfrentar
Sendo determinado e forte em tudo que encare
Na sublime missão de pelo mundo afora ensinar

Ser professor é ser um profeta muito corajoso
Capaz de ensinar de forma eficaz e libertadora
Para fazer este mundo ficar mais maravilhoso
Lutando sempre contra toda estrutura opressora.

## Onde está você, mãe querida?

Onde está você mãe querida
Que nunca mais eu te vi aqui
Desde que me deste despedida
E nesta vida eu nunca mais sorri?

Você me deixou muito pequeno
Quando eu ainda era inocente
Não sei se seu corpo é moreno
Porque partiste tão de repente

Cresci sem de fato eu te conhecer
Sentindo no peito a dor da saudade
Que sempre me faz muito sofrer
Destruindo de vez minha felicidade

Espero que com Deus você esteja
E junto a ele interceda por mim
Para eu ser feliz na minha peleja
Na luta perseverando até o fim

Espero também poder vê-la um dia
Para matar de você minha saudade
Resgatando assim a minha alegria
Vivendo com você lá na eternidade

Obrigado pela vida que você me deu
Mesmo tendo que aqui muito sofrer
Se infelizmente um dia você morreu
Aqui me deixaste para por você viver

Se não fosse você eu não existiria
E nada da vida eu poderia desfrutar
Mas como agora desfruto de alegria
Por você com fé me ponho a rezar

É graças a você o que sou e tenho
E por isso sou muito agradecido
Espero com todo meu desempenho
Ser por Deus e por ti recebido

Perdoe-me se o que fiz a magoou
Pois sou homem fraco e pecador

Mas tudo o que um dia me passou
Com carinho vivenciei e dei valor

Enquanto eu viver quero te amar
Mais ainda quando daqui eu partir
Esperando lá no céu poder te abraçar
Ficando por todo o sempre a sorrir.


## Amor de mãe é tudo

Amor de mãe é tudo na nossa vida
Porque é a base da nossa realização
Já que nos é a pessoa mais querida
Que sempre teremos no nosso coração

Sem mãe a vida para nós é incompleta
E pesada se torna para nós nossa cruz
Pois a seu grande amor que nos completa
Falta todo o brilho que muito nos seduz

Com o amor de mãe a vida é perfeita
Uma que ele faz o paraíso vir à terra
Para desfrutarmos com a alma satisfeita
Sem medo até mesmo de irmos à guerra

Quem tem mãe tem um grande tesouro
Que neste mundo nada pode se comparar
Porque ela vale mais do que todo o ouro
Que por acaso alguém possa nos ofertar

Quem não tem mãe sofre demais por isso
Já que fica um grande vazio no seu peito
Sem motivação para assumir compromisso
Sentindo-se que dentre todos é imperfeito

Uma mãe é o máximo que um filho pode ter
Para aqui na terra poder vir a ser feliz
E não tendo muito que nesta vida sofrer
Sabendo que através dela Deus o bendiz

Mais do que qualquer uma outra coisa boa
É de uma mãe que mais nós aqui queremos
Para nos realizarmos como gente ou pessoa
Sabendo que tudo o mais nós conseguiremos

Seja lá o que na vida vier a nos acontecer
Nossa mãe jamais vai nos abandonar de vez
Pois como Deus sempre ela quer nos proteger
Tendo um amor que só nos diz sim e não talvez

Sendo ela que nos dá a vida com muito amor
Como o próprio Deus sempre trata de cuidar
Dando de si tudo que tem importância e valor
Apenas pelo simples fato de a nós muito amar

Tenho que ser grato por ter um dia nascido
Através de uma mulher que de mim mãe quis ser
Para que dela eu seja sempre mais querido
E até mesmo Deus possa sempre me bendizer.

## Do outro lado alguém me ama

Do outro lado dessa vida alguém me ama
Me demonstrando isso a todo instante
Quer com a presença do frio ou da chama
Num eterno dar-me de tudo constante

Acordado ou dormindo graças eu recebo
Para na vida realizar-me plenamente
Até mesmo quando eu sou muito soberbo
Ele demonstra amar-me eternamente

Uma inteligência superior tudo sabe
Sobre o que penso sinto ou mesmo faço
Até cuidando para que eu não me desabe
Ou até mesmo não caia em fracasso

Há por mim um amor incondicional
Que suporta até a minha ingratidão
Nunca me desejando nem fazendo o mal
Mas constantemente me dando o perdão

Inúmeras vezes prometo e não cumpro
Não sendo aos meus propósitos nada fiel
Ainda mesmo quando juro de pé junto
Acabo mesmo é sendo um grande infiel

No corpo e no espírito sou agraciado
Mesmo quando eu de nada mereço
E mesmo quando não digo obrigado
Merecendo de um castigo não padeço

Embora eu seja um poço de maldade
Fazendo o tempo todo coisas erradas
Só recebo manifestação de bondade
E torcida para que não dê cabeçadas

Seja qual for o nome que eu lhe der
Quem me criou me ama eternamente
Permitindo que eu faça o que quiser
Contanto que assuma tudo plenamente

Um dia por certo de tudo eu saberei
Quando também estiver do outro lado
Então a quem me ama eu conhecerei
Quando enfim ele já terá me salvado

Assim estando na plenitude da glória
O universo inteiro poderei contemplar
Revendo todo o filme da minha história
Intercedendo para Deus a outros salvar.

## O seu sangue me lavou

O seu precioso sangue me lavou
Ó Jesus Cristo Filho do Deus vivo
E na cruz um dia você me salvou
Quando do pecado eu era cativo

Mais puro do que a água cristalina
Teu sangue purificou-me por inteiro
Da minha vida o Senhor mudou a sina
Revelando-me que és o Deus verdadeiro

Agora me sinto mais puro que o ouro
Pronto para voar para ti na glória
A salvação me vale mais que tesouro
E tua graça mudou minha história

A ti consagro toda a minha alma e ser
Prontificando-me em colaborar contigo
Neste difícil processo de me converter
Tornando-me sempre e mais teu amigo

Daqui para frente tudo vai ser diferente
E no meu passado passarei um apagador
Me comprometendo de fato em ser gente
Que de outro não é senão do Senhor

Eu não vou mais brincar com a tua graça
Sendo orgulhoso vaidoso ou mesmo invejoso
Para não correr o risco de cair em desgraça
Vindo a ser castigado por Ti o Todo-Poderoso

Como uma plantinha minha alma regarei
Com orações e preces para o Senhor voltadas
E me ajudando contra você não mais pecarei
Me juntando às pessoas pelo Senhor salvadas

Ao mundo eu não quero mais vir a pertencer
Sendo sempre por ele alienado e escravizado
Mas quero com tua graça procurar renascer
Abandonando de uma vez por toda o pecado

Liberta-me plenamente, ó meu bom Senhor
De tudo que me oprime angustia e faz sofrer

E que eu possa resgatar o meu devido valor
Para mais e mais tua graça eu vir a merecer

Com teu sangue real e místico é que me curaste
De toda ferida aberta pelo Maligno e o pecado
Mas com a graça do teu Espírito me salvaste
Para um dia ver-me na tua glória santificado.

## Revelações

Assim como Deus a Moisés se revelou
Demonstrando por ele grande predileção
A mim também Ele já há muito me mostrou
Em tantos sonhos revelados ao coração

Quem pode mais do que Deus que tudo pode?
Por certo ninguém a não ser que Ele queira
Pois quem tem fé até o universo se sacode
Ou fica do tamanho do fruto de uma macieira

A vida está de exemplos de milagres repleta
Devido à fé de tantas pessoas maravilhosas
Que em Deus tiveram uma confiança completa
E acabaram sendo pessoas muito poderosas

A quem Deus quer Ele revela até a eternidade
Pois a Ele cabe isso fazer com determinação
E a mim Ele já deu essa grande oportunidade
Em todos os meus sonhos sem interpretação

Um dia saberei ao certo o que tudo significa
Assim como José do Egito e outros conseguiram
Por que sua mensagem a mim muito dignifica
Já que de mim é que meus sonhos todos partiram

Mais do que sonhos são revelações do além
Para um ser tão pequenino e sem conhecimento
Mas que acima de tudo quer ser um alguém
Já que luta para desenvolver o pensamento

Meu mundo interior é fantástico e misterioso
Mas a mim se revela constantemente em figuras
De forma que me sinto sempre mais maravilhoso
Sempre procurando o que está lá nas alturas

Se eu tivesse muito conhecimento outro seria
Pois das revelações eu tiraria muito proveito
Já que com certeza todas eu logo a entenderia
Sendo assim rico, famoso e até mesmo perfeito

Quantos anos terei mesmo que viver para acordar
Para compreender plenamente cada uma mensagem
Que todos os dias meus sonhos estão a me revelar
E que eu não sei fazer a sua completa sondagem?

Espero que antes que eu parta daqui eu consiga
Fazer uma interpretação à altura do que merece
Sobretudo o sonho que sempre mais me intriga
Quando acordo logo que o novo dia já amanhece.

# Palavras ao vento e ao coração

Dizer ao vento bastam palavras dizer
Mas ao coração precisa-se de fatos
Porque aquelas são para se esquecer
Mas estes são para nos deixar gratos

Quem diz ao vento blá blá blá é que diz
Pois nada a dizer é que ele pretende
Quem diz ao coração o futuro prediz
Ao falar só o que qualquer um entende

Palavra sem sentido o vento vai levar
Palavra com sentido no coração fica
Que é para a alma da pessoa transformar
Tornando a sua vida sempre mais rica

Palavras inúteis ditas nem devem ser
Já que nem os ouvidos as querem ouvir
Uma vez que só nos fazem muito sofrer
Ainda que a alguns elas façam sorrir

Palavras edificantes queremos acatar
Porque em si mesmas elas tudo dizem
Podendo a qualquer de nós transformar
Sem ter pessoas que a elas maldizem

Todos que dizem ao vento nada fazem
Uma vez que suas palavras são fumaça
Que nada de bom constroem ou trazem
Já que são vazias e muito sem graça

Palavras boas são energias positivas
Que só o bem em nossa vida acrescentam
Palavras ruins são energias negativas
Que semeando o mal só nos arrebentam

Palavra boa até doenças ela cura
Dado à singularidade do seu poder
Palavra ruim ninguém a atura
E todos dela querem é logo esquecer

Importa é dizer o que tem utilidade
Para se construir o que é bem comum
Visando só trazer a todos a felicidade
Sem a ninguém fazer sequer mal algum.

## Te amar é um sonho realizar

Te mar é um magnifico sonho realizar
Concretizando assim meus sentimentos
Buscando uma forma de vir a expressar
Tudo o que vai nos meus pensamentos

Te amar é elevar-me ao infinito
Dando asas à minha imaginação
Me sentindo cada vez mais bonito
Por ter você no meu coração

Te amar é sentir-me príncipe-rei
Tendo você por princesa querida
Para te dizer e fazer tudo o que sei
Te satisfazendo durante a sua vida

Te amar é sentir-me já lá no paraíso
Sentindo-me tão realizado quanto Adão
Tendo apenas você e Deus no meu juízo
E desfrutando de plena paz e realização

Te amar é no céu poder eu me sentir
Junto de Deus dos anjos e dos santos
Podendo para sempre contigo sorrir
Extasiado pelos seus doces encantos.

## A vida é um dom absoluto

A vida é um dom absoluto
Não tendo nenhum outro igual
Em defendê-la sou bem resoluto
De toda e qualquer forma de mal

Para continuar sempre existindo
A vida batalhas tem que enfrentar
Não tendo que aos poucos ir se sumindo
Cedendo a tudo que quer lhe matar

Pela vida devemos ao máximo zelar
Preservando-a de tudo que a agrida
Para que não venha um dia a acabar
Salvá-la é preciso que alguém decida

A cada dia e instante a vida é matada
Por quem se diz dela o seu defensor
Muitas vezes em nome da pátria amada
Ou até mesmo em nome de nosso Senhor

Quem pode a vida defender plenamente
Senão Aquele que a sua pela nossa deu
Para que vivêssemos no céu eternamente
Com Ele o Espírito Santo e mesmo o Pai seu?

## O que você é para mim

Você é meu gostoso pão
Minha comida gostosa
Você é meu grande tesão
Minha fruta saborosa

Você é meu doce mel
Meu licor bem saboroso
Você é meu pleno céu
Meu paraíso precioso

Você é meu sonho bom
Minha fantasia singular
Você é meu grande dom
Maravilha espetacular

Você é meu jardim florido
A minha suave paisagem
Você é meu prato preferido
A minha grande miragem

Você é meu espelho mágico
Minha sorte bem grande
Você é meu mundo fantástico
Universo que se expande

Você é meu grande tesouro
Meu tão precioso capital
Você é meu valioso ouro
Minha pedra fundamental

Você é meu grande amor
A minha amada amante
Você é meu doce sabor
O meu precioso diamante

Você é a minha paixão
Minha fome de infinito
Você é minha fascinação
O eco do meu alto grito

Você é a minha vida
Minha razão de ser
Você é minha querida
O meu doce prazer

Você é tudo para mim
És tudo o que sonhei
És meu início meio e fim
És tudo o que desejei.

## Sou um sonho fulgaz

Eu não existia e Deus me sonhou
Pelos meus pais ele me fez existir
Como seu sonho que se realizou
Para minha vida nele se consistir

Do nada para a vida eu fui trazido
Para nela de tudo poder desfrutar
Me sentindo por Deus mui querido
Amando e podendo muito vir a amar

Sei que sou cinza e mesmo simples pó
Por mais que meu orgulho isso negue
Entretanto sinto que Deus de mim tem dó
E jamais deixará que o diabo me carregue

Sou dotado de muito dom e potencial
Para aqui realizar tudo o que quiser
Como alguém que preze por ser original
Em tudo aquilo que por acaso fizer

Posso vir a ser alguém todo-poderoso
Mas também posso ser um Zé ninguém
Caso eu não seja em nada caprichoso
Não vivendo da forma como me convém

Tenho ao meu dispor todo o universo
Com o qual posso ganhar a eternidade
Podendo cantar em prosa e em verso
Todos os motivos da minha felicidade

Embora eu até precise contar com a sorte
A minha realização depende muito de mim
Da forma como luto para fugir da morte
Unido a Deus ficando sempre até ao fim

Terei que trabalhar e muito economizar
Contudo também apostar na sorte grande

Para ela também Deus poder me premiar
Como a muitos num mundo que se expande

Estou ciente da minha limitação e fragilidade
Porque eu sou um sonho meramente fulgaz
Que como um vaso se quebra com facilidade
Dado o grande poder do mal e de Satanás

Preciso ser forte e experiente na guerra
Que todo dia tenho que com o mal travar
Se eu quiser viver muito e bem na Terra
Esperando que Deus um dia possa me salvar.


## Este mundo é muito cruel

Esse mundo é terrivelmente cruel
Para com muitos que para ele vem
Podendo lhes envenenar com seu fel
Louco para lhes mandar para o além

Com uns o mundo tem um bom trato
Privilegiando com tudo o que há de bom
Com outros ele é mesmo muito ingrato
E nem sequer concede qualquer dom

Por toda parte do mundo existe o mal
Para nos tirar a paz e até mesmo a vida
Por ele ter uma energia muito infernal
Nos deixando até num beco sem saída

Quem marca bobeira a sua vida perde

Pois ela é tênue como de um ovo casca
Nas pequenas coisas dando uma de nerd
Tão facilmente em tudo ele só se lasca
Há leis eternas a serem respeitadas
E quem não as respeita paga o pato
Já que há sempre arapucas armadas
Prontas pra nos capturar no dia exato

Bandidos de toda espécie há no mundo
Podendo nos roubar e até mesmo nos matar
Nos tirando o que temos de mais profundo
Que é o direito de virmos a sonhar

Tudo que levamos anos para conseguir
Podemos perder em questão de momento
Ficando tristonhos sem o direito de sorrir
Feridos no mais íntimo do sentimento

Muitos desfrutam o que há de melhor
Outros vivem sempre na maior miséria
Não tendo nada, vivem sempre na pior
Devido a governantes sem política séria

Há quem aqui já vive mesmo no paraíso
Enquanto que há quem vive é no inferno
Podendo vir até a perder o seu juízo
Por ter nesta vida um sofrimento eterno

Para muitos sorri alegremente a sorte
E tudo que plantam germina e dá fruto
Enquanto para outros sorri é a morte
Fazendo-os viver sempre em eterno luto.

## O que é e de onde nos vem o amor?

De repente somos tomados por uma energia
A qual transforma completamente o nosso ser
Nos deixando tomados de uma grande alegria
Que logo dá um outro sentido ao nosso viver

Quando adolescentes ficamos a nos perguntar
Será o que é isso meu Deus? Alguém me explica!
Sem saber que de fato estamos é mesmo a amar
Com a intensidade e o sentido que isso implica

Ficamos fazendo pergunta sem ter a resposta
Com o coração incomodado por um anjo ou diabo
Que nele invadiu sem nos perguntar: você gosta?
Temendo que ele nos prepare um plano macabro

Se correspondidos achamos o paraíso na terra
Se não é mesmo num inferno astral que vivemos
Contra tudo e contra todos travamos uma guerra
Sendo vitoriosos mas quando não nos suicidemos

Grilos e mais grilos tomam conta da nossa cabeça
E um desejo infinito nos invade como um vulcão
Implorando que a ele o nosso coração obedeça
Uma vez que ele é sinal claro de nossa paixão

Até desejamos ser pai ou mãe, ao outro nos unindo
De forma que a nossa vida no filho possa continuar
E a nossa descendência não acabe se extinguindo
Não tendo que apenas por esta vida vir a passar

Fazemos tantas coisas em nome dessa força estranha
Que chamamos de amor sem nem ao certo conhecê-la
Mas aos poucos com a prática vamos pegando a manha
Importando apenas que possamos de fato entendê-la

Vivemos às vezes mais de cem anos sem de fato saber
O que é e de onde vem essa coisa chamada de amor
Que o criador nos possibilitou virmos a ela merecer
Para ajudá-lo no seu grande projeto e plano criador

Por causa dessa coisa fantástica e até tão misteriosa
É que passamos a existir para fazer parte do universo
Porque há em nosso corpo uma coisa tão maravilhosa
Que sempre nos inspira a cantá-la em prosa e em verso

A Bíblia de todas as religiões por vários nomes a ela chama
Dentre eles amor Deus nirvana ou outro nome qualquer
Por ela ser e agir em cada um tal qual misteriosa chama
Que o transforma rápida e completamente onde estiver.

## Meus desejos

Eu gostaria muito de ter superpoderes
Para desafiar os poderosos do mundo
Que são verdadeiros desmancha-prazeres
Me humilhando no meu mais profundo

Como o Super-Homem eu queria ser
Para escalar o infinito sempre voando
Sem ter que a nada e a ninguém temer
Nem ter que sempre ficar me humilhando

Gostaria de sair por aí fazendo justiça
Para com todos os que são injustiçados
Vítimas dos que só têm sede de cobiça
Explorando e humilhando os coitados

Como Robin Hood eu gostaria de agir
Para fazer ricos sentirem-se pobres
Dando aos pobres a chance de sorrir
Como felizes dão gargalhadas os nobres

Como Lampião eu gostaria de atuar
Para lutar contra quem de tudo tem
Em prol de quem sem nada vive a ralar
Para sobreviver e na vida ser alguém

Como Che Guevara eu queria ser guerrilheiro
Para corajosos soldados eu poder liderar
Espalhando guerrilha pelo mundo inteiro
Lutando contra quem o mundo quer dominar

Acima do bem e do mal estar eu queria
Para mudar o mundo em um relance
Fazendo mágica como no reino da fantasia
Demonstrando que tudo está ao meu alcance

Eu gostaria de ser o eu dos sonhos meus
Livre ativo e mesmo plenamente poderoso
Muitas vezes até mesmo sendo um deus
Que diante do mal nunca se sente medroso.

## Ó sorte, procura-me!

Ó sorte procura-me se você existe
Não me deixe assim tão na mão
Carente pobre e sempre tão triste
Quase a explodir o meu coração

Assim como a tantos já procurou
Por favor procure também a mim
Prometo que daqui de onde estou
Te procurarei apostando até ao fim

Seja generosa comigo ó sorte
Abrindo-me as portas da fortuna
Pois não quero ser pobre até à morte
Tendo na vida e na alma uma lacuna

Sorria para mim ó sorte bondosa
Fazendo-me em tudo ser bem-sucedido
Para que eu tenha uma vida honrosa
Deixando bom legado quando tiver partido

Que dê bons frutos tudo que eu semear
Quer seja na matéria quer no espírito
Para o faminto e carente se alimentar
E de fome não viver sempre dando grito

Caso eu venha em algum jogo apostar
Torça para que tudo venha a dar certo
De forma que eu possa vir a ganhar
Tendo a fortuna de mim bem perto

Não deixe para me atender na velhice
Porque aí não terá tido mais graça
Já que ser rico e velho é uma tolice
E certa é a morte trazendo desgraça

A maturidade é a idade da riqueza
Quando todos com você querem contar
Para abençoar a vida e a beleza
Que no corpo almeja se eternizar

Muita fama e sucesso eu quero ter
Contando sempre com a sua proteção
Para a bênção de Deus eu merecer
E mesmo sendo rico eu ter salvação

Para ser bem-sucedido ó sorte conto contigo
Porque tudo aqui é só vaidade e ilusão
E só Deus é o meu sempre eterno abrigo
O descanso definitivo do meu coração.

## Previsões

O amanhã nos trará grandes surpresas
Que tanto pode ser para o bem ou para o mal
Nos causando grandes e imensas tristezas
Ou até mesmo grandes alegrias no final

Grandes descobertas e invenções ocorrerão
Ao ponto de me deixar até boquiaberto
Diante do impacto e da transformação
Que até de Deus ficarei mais bem perto

Os homens como os deuses do Olimpo serão
Agindo como se nada lhes fosse impossível
O poder da razão ou mesmo do instinto usarão
Para fazer coisas totalmente de modo incrível

Por máquinas o homem o infinito escalará
Indo ao encontro de povos desconhecidos
Com os quais nova descendência criará
Até que todos os planetas sejam conhecidos

Terremotos maremotos e vulcões vão ocorrer
Por todas as partes do nosso globo terrestre
Fazendo com que muitos venham a morrer
Seja o habitante da cidade ou seja o campestre

Assaltantes de toda espécie poderão vir a surgir
Para roubarem os bens dos quem os tiverem
E prendê-los a polícia não poderá conseguir
De forma que irão fazer o que bem quiserem

De remédios nós não mais precisaremos
Pois pelo poder das mentes iremos nos curar
De toda e qualquer doença nos livraremos
E assim muitos anos nossa vida irá durar

Profecias bíblicas ou não irão se cumprir
Deixando toda a humanidade estarrecida
Podendo ela vir a chorar ou até a sorrir
Ao ver que sua pergunta foi respondida

Até os pensamentos poderemos vir a ler
Sabendo o que vai no interior de cada um

De forma que nada poderemos esconder
Não tendo privacidade de jeito nenhum

A natureza sofrerá grandes transformações
Diante do eminente superaquecimento global
Levando os governantes a gastarem milhões
Para evitar que tenhamos uma extinção total.

## Maravilhas da vida

Na vida há maravilhas em toda parte
E entre elas eu sou a que é principal
Por ser de Deus uma obra de arte
Tendo uma alma hiper sensacional

Se olho para a terra fico encantado
Diante de tantas maravilhas que vejo
Se olho para o céu fico até extasiado
Ao ver que tudo atrai o meu desejo

Dentro de mim há maravilhas imensas
Que aos poucos eu estou descobrindo
Através de minhas pesquisas intensas
Quer eu esteja acordado quer dormindo

A todo instante eu fico tão admirado
Com tantas maravilhas que deparo
Ficando até mesmo muito assustado
Como tudo me vem de modo tão claro

As mais variadas cores me fascinam
Bem como as mais lindas melodias
Pois elas muitas coisas me ensinam
Ao longo dos meus anos e meus dias

O que o homem inventa é maravilhoso
Porque facilita bem mais o nosso viver
Mostrando ser ele tão grande e poderoso
Que poderá até mesmo deixar de morrer

Se o que vejo é mesmo tão espetacular
Imagina tudo o que me está escondido
E que somente eu posso vir a imaginar
Sendo revelado só no ocaso já rompido

Maravilhas reconhecidas só sete temos
Por se destacarem dentre todas existentes
Mas existe tantas outras que não vemos
E que podem até ser bem mais excelentes

Maravilha das maravilhas é o nosso universo
Que por um Ser Supremo um dia foi criado
Para podermos cantar em prosa e em verso
Usando instrumentos que tivermos inventado

Quem criou as maravilhas é também maravilhoso
Merecendo de todos os seres uma sincera adoração
Especialmente por ser um ser tão de fato bondoso
Ao ponto de desejar e fazer acontecer nossa salvação.

## Quem é o homem?

Eu vivo a me perguntar
Quem o homem é de fato
E resposta nada de encontrar
O que acho muito chato

A Bíblia não me esclarece
E a ciência também não
Isso muito me aborrece
Deixando inquieto meu coração

A Teologia tenta esclarecer
Mas exigindo nela acreditar
E a Filosofia tenta compreender
Nunca deixando de perguntar

Tudo que há no homem me intriga
Tanto seu corpo quanto sua alma
Causando-me até mesmo fadiga
E de tanto pensar perco a calma

O que o homem faz me espanta
Tanto para o bem quanto para o mal
Mas também muito me encanta
Ser ele um ser tão sábio e genial

Toda a tecnologia aí existente
Não faz o homem melhor ser
Apenas o torna mais prepotente
Para até mesmo a Deus desmerecer

O mesmo homem que cria
Torna-se o mesmo que mata
Por ter ele uma vida vazia
Sem sentido e muito chata

O homem se julga um deus
Porém não passa de um pó
Mesmo dominando irmãos seus
Merecendo de Deus muita dó

Nada satisfaz ao homem plenamente
A não ser quando a Deus se entrega
Eliminando os desejos da sua mente
Tudo o mais nele tão logo se integra

De onde vem o homem não sabe
Muito menos para onde ele vai
Mas para que sua vida não desabe
Ele aprende a chamar a Deus de Pai.

## Me sinto feliz sendo pai

Sendo um pai me sinto realizado
Pois como Deus sou um criador
Sobretudo por me sentir amado
Pelo meu filho que me dá valor

Ser pai é poder continuar vivendo
Na pessoa do filho que se gerou
Já que um dia vai acabar morrendo
E pelo menos sua sementinha deixou

Não é fácil ser pai num mundo cão
Como este que nós vivendo estamos
Mas causa muitas alegrias ao coração
Saber que bons filhos nós criamos

Meu pai sempre foi meu grande herói
Pelos bons exemplos que ele me deu
De forma que o meu coração não dói
Já que sou exemplo para o filho meu

Espero que meu filho possa ser alguém
Assim como eu hoje sou para o meu pai
Para muito feliz me fazer aqui também
Sabendo como eu soube para onde vai

Espero que todos que são pais na vida
Possam aos seus filhos com amor assumir
Para que eles tenham uma vida estabelecida
E possam tudo o querem vir a conseguir

Fico muito chateado ao ver filhos sem pais
Perambulando pelas ruas pedindo esmolas
Quando poderiam ser como todos os demais
Sendo amados trabalhando e indo às escolas

Faço de tudo para educar bem o meu filho
Para que ele possa ser gente de verdade
Conseguindo nesta vida ter muito brilho
Principalmente desfrutando de felicidade

Torço para que Deus ao meu filho proteja
Dando a ele muitos anos de vida e realização

Para que ele se dê bem na sua vida e peleja
Sendo instrumento de Deus na sua profissão

Embora ser pai não seja nada fácil para mim
Faço tudo o eu que posso para um bom pai eu ser
Para que quando a minha vida chegar ao fim
Eu olhar para trás e de nada vir a me arrepender.

## De repente você me conquistou

De repente você me conquistou
Ao lançar-me seu olhar fascinante
Bem fundo meu coração você tocou
Com o seu sorriso tão cativante

Eu nem sequer ainda te conhecia
Quando de repente você me apareceu
E me trazendo a felicidade e a alegria
O amor no meu coração se acendeu

Tudo que desejei você me fez realizar
Como chuva benfazeja que cai na terra
Pois fizeste tudo na minha vida se mudar
Como cidade reconstruída após a guerra

Você foi tudo que de bom me aconteceu
Justamente quando eu mais precisava
Já que eu vivia como quem já morreu
E desesperado na minha fé já vacilava

Minha vida era vazia e sem sentido
Quando você apareceu e a transformou
Fazendo-me feliz e muito querido
O meu coração você logo conquistou

Do fundo do poço você me resgatou
Libertando-me da melancolia e depressão
Do meu coração a agonia você tirou
Ao chamar-me para fora da solidão

Hoje sou a pessoa mais feliz deste mundo
Pois a amo e por você sou muito amado
Desfrutando de um sentimento profundo
Posso dizer a todos que estou realizado

Daqui para frente tudo será bem diferente
Tanto para mim quanto para você também
Pois serei um cara corajoso e não temente
Já que você se tornou meu amor e meu bem

Ao mundo inteiro eu posso agora alto gritar
Dizendo que sou feliz por ser por você amado
Não tendo de nada a que eu possa reclamar
Já que tenho de tudo por ter você do meu lado

Eu só tenho é que por tudo a Deus agradecer
Como prova da minha eterna e imensa gratidão
Procurando a ele a todo instante muito bendizer
Prestando e rendendo-lhe meu culto e adoração.

## Brincando com as palavras

Brincando com as palavras eu vivo
Fazendo delas meu brinquedo preferido
Pois assim me sinto bem mais ativo
Expressando o que tenho aprendido

As palavras para mim são pessoas
Com as quais eu interajo no dia a dia
Quer com as ruins quer com as boas
Procurando com elas viver em harmonia

Sem palavras é impossível se vir a falar
Tendo com os outros boa comunicação
Por isso procuro bem as palavras tratar
Guardando-as no fundo do meu coração

Boas palavras são como favos de mel
Para quem de fato as sabe saborear
Mas palavras ruins são cálices de fel
Que podem até mesmo nos envenenar

Lidar com as palavras me dá muito prazer
Mesmo se faço grande esforço para pensar
Mas isso ajuda meu cérebro a se desenvolver
Levando-me sempre a novas palavras criar

Palavras são energias que do universo emanam
Tendo o poder de até fazer guerras ou revoluções
Dependendo de quem e quando as proclamam
Podem como espada transpassar os corações

Das palavras ditas por Deus o mundo surgiu
Fazendo com que nas coisas se materializassem
E assim tirando tudo do nada Deus conseguiu
Permitir com que os homens a Ele imitassem

As palavras são do nosso espírito o alimento
E foi o próprio Jesus mesmo quem isso falou
Por isso Ele fez delas um grande sacramento
Quando escrito na Bíblia suas palavras deixou

Devemos cuidar das palavras com carinho
Como se cuida de plantas em um jardim
Procurando bem semeá-las pelo caminho
Como um meio para se chegar a um fim

Cuidemos das palavras como a um rebanho
Dele zelando como generoso e bom pastor
Porque grande será sempre o nosso ganho
Nos vindo em forma de prazer e não de dor.


## "Não matarás"

Ordenou um dia o Senhor
De que não devemos matar
Mas a tudo ter muito amor
Se quisermos um dia nos salvar

A vida é o um absoluto valor
Do qual não devemos renunciar
Perdê-la é a mais suprema dor
Pois mais nada vai nos restar

O mundo inteiro pela vida não paga
Já que sem ela nada nos convém
Sem ela o nosso barco naufraga
E sentido para nós ela não tem

Matar é o pior dos nossos pecados
Porque tudo de uma só vez se acaba
E assim nos deixando muito arrasados
Ficamos sem a vida e mesmo sem nada

Não devemos por nada vir a matar
Quer seja pessoas ou mesmo animais
Mas se deve mesmo é a tudo salvar
Pois todas as coisas nos são essenciais

Você quer viver e eu quero também
Então não queira a minha vida tirar
Agindo sempre como não convém
Usando suas armas para vir me matar

Não se deve matar mesmo nem pulga
Pois como nós ela também quer viver
Sobretudo porque Deus Pai nos julga
Já que Dele nada podemos esconder

"Quem feriu com ferro com ele será ferido"
Disse o Senhor como está escrito
E desta vida acabará sendo banido
Condenado à morte como maldito

Tudo que existe é para a Deus louvar
E não para nos matar cruelmente

Sem o direito de a vida desfrutar
Dela saindo assim tão de repente

Duro é ser condenado duplamente
Pela Lei humana e pela Lei divina
Não adiantando nada ter sido valente
Podendo vir a ter o inferno como sina.

## Minha vida é um bom livro

A minha vida um bom livro é
E nele a cada dia eu escrevo
Uma página de amor e de fé
Dando uma de escritor me atrevo

Cada semana escrevo um capítulo
Expondo nele minha experiência
Que ilustra muito bem o meu título
Resultado do que anoto com paciência

Nele de tudo escrevo um pouco
Sobre tudo que vejo ao meu redor
Ainda que me chamem de louco
Importando que eu procure ser melhor

Escrevo nele meus sonhos como são
Resultado de tudo que vai no meu ego
Sobretudo os desejos do meu coração
Que exigindo liberdade nada lhes nego

No meu diário escrevo o que me acontece
Tanto na realidade quanto mesmo na ficção
De tudo isso e do meu trabalho faço prece
Pedindo ao meu Deus a sua santa salvação

Com minhas poesias expresso o que sinto
Pensando com carinho em cada verso
Nos quais digo a verdade e não minto
Sentindo-me filho e irmão do universo

Em cada estrofe resumo minha interpretação
De tudo que me acontece no meu dia a dia
Demonstrando que aprendo e ensino a lição
Buscando com tudo e todos viver em harmonia

Com minhas músicas expresso minhas emoções
Fazendo do meu violão de terapia instrumento
Compondo com o uso dele as mais lindas canções
Que são para mim uma espécie de sacramento

Com minha profissão aos irmãos me dedico
Passando pra frente o que sempre aprendo
E sempre e cada vez mais realizado eu fico
De forma que de nada jamais me arrependo

Com tudo que tenho dou sentido ao meu viver
Desde quando me levanto até quando me deito
Não esquecendo jamais de a Deus agradecer
Por ele me ajudar a mudar sempre o meu jeito.

# Depressão

Depressão é sinal de tristeza
Que corrói a alma e o coração
Nos tirando a nossa beleza
E nos deixando na solidão

Depressão é a doença da alma
Que silenciosamente nos mata
Por dentro corrói e tira a calma
Para agirmos de forma insensata

Depressão é sinal de loucura
Caso não seja tratada a tempo
Podendo nos levar à sepultura
Confundindo o nosso sentimento

Depressão é a pior doença que existe
Podendo mais que as outras matar
Pois deixa a nossa alma tão triste
Que até ao suicídio pode nos levar

Depressão é baixa autoestima ter
Vivendo cabisbaixo e com medo
Sem nenhuma vontade de viver
Guardando pra si um segredo

Depressão é viver olhando pra terra
Até mesmo desprezando lá em cima o céu
Levando muitos a viverem em guerra
Se escondendo atrás de um negro véu

Depressão é não ter apetite
Ou se o tiver se negar a comer
De ninguém aceitar palpite
E de castigos se julgar merecer

Depressão é sentir dor sem ter ferida
É chorar sem mesmo sentir dor
Tendo sempre uma alma partida
Carente de toda forma de amor

Depressão é sentir grande vazio
Como se até Deus nos desprezasse
A todo instante sentindo calafrio
Como se tudo na vida nos assustasse.

## Fome

Há quem tenha fome de pão
Por não vir a ter o que comer
Há quem tenha fome de instrução
Por não ter quem ensine a aprender

Há quem por não ter pão não come
Vivendo em constante regime
Há quem por regime passa fome
E consigo mesmo se redime

Há quem só busca o pão material
E com ele se satisfaz plenamente
Há também quem busca o pão espiritual
Tentando viver já aqui divinamente

Há quem só tenha fome de sexo
Gozando de tudo que a carne oferece
Há quem tenha fome de amor conexo
E sempre por ele luta e até padece

Há quem mendigue por fome ter
Ainda que seja sempre humilhado
Há quem peça para aos outros conceder
Na tentativa de redimir o seu pecado

Há quem tenha fome apenas de ilusão
Alimentando-se do que não satisfaz
Há quem tenha fome de realização
Buscando tudo o que lhe dê a paz

Há quem tenha fome de justiça
Querendo o que lhe é de direito
Há quem tenha fome de cobiça
E orgulhoso se julga perfeito

Há quem tenha fome de liberdade
E por isso luta contra a opressão
Há quem tenha fome de maldade
Só cultivando ódio no coração

Há quem tenha fome de esperança
E por ela luta com toda a sua fé
Há quem use o poder de sua lança
Para matar quem reme contra a maré

Há quem tenha fome de Deus e do céu
E luta para alcançar a sua salvação

Há quem se esconde atrás de negro véu
Para dos outros causar a perdição.

## Negação da negação

Quero negar a tudo que me negue
Roubando a energia que me faz viver
Para que meu coração se sossegue
E não tenha nada a que temer

Nego todo o ódio dos que me odeiam
Desejando-me mesmo o que há de pior
Torcendo para que o ódio que semeiam
Sirva para sempre me tornar melhor

Recuso toda a violência que destrói
Dos outros tirando o direito de viver
Pois aqui só o amor é que constrói
Nos dando a felicidade e o prazer

Detesto a maldade de quem é maldoso
E só tem malícia no seu coração
Pois demonstrando ser orgulhoso
Dos outros causa a perdição

Não suporto a inveja de ninguém
Que visa só aos outros cobiçar
Simplesmente porque nada tem
Por não fazer por onde conquistar

Rejeito quem vive só me ameaçando
Com o intuito de tirar a minha paz
Que dia e noite eu vivo buscando
Por saber o quanto ela me é eficaz

Denunciarei a quem me agredir
Quer seja verbal, quer fisicamente
E bravamente eu sempre irei resistir
Mesmo que morra tão de repente

Me armarei da melhor forma possível
Para lutar contra toda forma de mal
Procurando me tornar um invencível
Tendo Deus como meu aliado principal

Abomino toda forma de corrupção
Que joga na fossa os princípios éticos
Prostituindo sempre a nossa nação
Devido à atitude de políticos patéticos

Excomungo a quem abusa sexualmente
Chegando ao ponto de até mesmo matar
Mostrando que é mesmo um inconsequente
Incapaz de a alguém vir a conquistar.

## Inspiração, cadê você que não me vem?

Inspiração cadê você que não me vem
Deixando-me num vazio tão intenso
Incapaz de falar de mim ou de alguém
Uma vez que não sinto e nem penso?

Por que me deixaste ó doce inspiração
Como um deserto sem água tão árido
Impotente e sem a mínima motivação
Como se estivesse anêmico e pálido?

Sem ter você ó inspiração divinal
Eu nada posso escrever e nada fazer
Me pareço com um ser marginal
Mas com você em tudo tenho prazer

Como posso edificar ou construir
Seja lá o que for sem você comigo
Fazendo-me um poderoso me sentir
Sem ter o vazio por meu castigo?

Tendo você ó inspiração sou forte
Maravilhas com a palavra fazendo
Não temo nada ninguém nem a morte
Pois sei que estás me protegendo

Inspiração tu és a mãe de todo poeta
Bem como de todo que é compositor
E feliz de quem você abençoa a meta
Pois será sempre na vida um vencedor

Não me abandones ó inspiração bendita
Pois de você precisarei a todo instante
Para escrever compor e sair bem na fita
Tendo junto aos fãs um valor constante

Por que me abandonar ó inspiração
Se de você preciso para ao mundo dizer

Tudo aquilo que vai no meu coração
E que à alma e ao ouvido dá prazer?

Venha a mim ó inspiração celestial
Para com a sua seiva me fecundar
Fazendo-me um ser potente e divinal
Capaz de até o mundo transformar

Se você me atender um outro poderei ser
Como Pessoa Camões ou outro semelhante
No modo de falar e sobretudo de escrever
Sendo sempre da poesia um grande amante.

## O dono da palavra

Senhor, da palavra és o dono
Porque o Senhor mesmo ela és
Criando tudo como num sono
Colocando debaixo dos seus pés

Cada palavra que pronunciaste
Um ser tão logo se criou na vida
E tão logo ao mundo povoaste
Com cada coisa por ti pretendida

Verbo seu Filho amado se chama
Porque contigo palavra Ele é
E toda a sua obra ele proclama
Nos pedindo para em Ti termos fé

Sem tua palavra potente e criadora
Nada do que há existiria no mundo
Mas como ela é forte e germinadora
Tudo criaste tendo um sonho profundo

Para ti nada é impossível nesta vida
Bastando uma palavra tua para fazer
Toda coisa por ti sempre pretendida
Pois a tua palavra contém todo o poder

Sendo o dono da palavra podes tudo
Tanto no céu bem como aqui na terra
Fazendo o que quer e até sobretudo
Sendo capaz de evitar uma guerra

O que o melhor cientista não pode
O Senhor pode num relance fazer
Até mesmo esse universo você sacode
Porque contigo está todo o poder

Teu nome é Deus e és Todo poderoso
Não existindo um outro a Ti igual
Pois tudo o que existe de maravilhoso
O Senhor é quem criaste de forma genial

Bendito és por tudo que criaste
Para que pudéssemos desfrutar
E ainda conosco tomaste parte
Na obra de em Jesus nos salvar

Só temos que sempre te bendizer
Por sua palavra sagrada e bendita

Que em Jesus nos veio fazer reviver
Libertando nossa alma quando aflita.

## Você sou eu e eu sou você, Jesus?

Você sou eu e eu sou você, Jesus?
Conforme o que está escrito
Queira me dar uma grande luz
Para eu libertar-me desse conflito

No Evangelho identificas comigo
Em tudo procurando ser um eu
Sendo para mim mais do que amigo
E até na cruz por mim você morreu

Não tendo pecado te fizeste pecador
Apenas para do pecado me libertar
Demonstrando por mim muito amor
E morrendo para do inferno me salvar

Eu é quem deveria morrer na cruz
Por de fato ser um grande pecador
Mas sendo o Senhor um ser de luz
Morreste provando-me seu amor

Em meus sonhos Você eu sou
E como se Você eu fosse me comporto
Concretizando o que Você falou
E com base nisto eu me conforto

Torno-me você na hora do perigo
Ficando até mesmo suspenso no ar
Encontrando mais do que um abrigo
Para monstro nenhum poder me atacar

No batismo a Igreja um você me faz
Unindo o meu humano ao seu divino
O Pai e o Espírito Santo você me traz
Para transformar todo o meu destino

De simples criatura viro ser divinal
Potencializado para como você agir
Libertado de vez do pecado original
Posso livremente meu destino assumir

Como Você tenho por pátria o céu
Resistindo a toda espécie de tentação
E tendo o paraíso escondido sob um véu
Luto dia e noite em busca da salvação

Sinto-me você como São Paulo também sentia
Dizendo "não eu vivo mas você vive em mim"
E só espero chegar logo a sonhada parusia
Para contigo viver a vida que não tem um fim.

## Duelo entre o amor e o ódio

Eu sou a essência da vida e de todo ser
E a razão pela qual tudo existe no mundo
Já eu sou um verdadeiro desmancha prazer
O que todos deixa em marasmo profundo

Eu sou aquele com quem Deus se identifica
Pelo modo como atuo em tudo o que faço
Já eu sou aquele que a todos só sacrifica
Fazendo com que venham a virar um bagaço

Eu sou aquele que transforma os corações
Levando as pessoas a serem muito felizes
Já eu sou o destruidor de todas as nações
Levando as pessoas a cometerem deslizes

Eu provoco emoções em todo ser humano
Levando muitos a comporem e a cantarem
Já eu trato de fazer muitos terem juízo insano
Ao ponto de aos demais odiarem e matarem

Eu elevo em êxtase aos casais que fazem amor
Para seus lindos filhos poderem vir a criar
Já eu trato de fazê-los sentirem ciúmes e dor
Para que com seus casamentos eu possa acabar

Optando por mim Jesus o mundo revolucionou
Ensinando que Deus nos ama com amor eterno
Já todo aquele que por mim sempre aqui optou
Com Satanás eu procuro levá-lo para o inferno

Eu sou o que constrói e faz do mundo um paraíso
Tal qual Deus planeja para o homem nele morar
Já eu sou aquele que tira sempre do homem o juízo
Levando-o a tudo o que você e Deus faz a arrasar

Eu sou o que semeia sempre somente o bem
Torcendo para que ele venha logo a acontecer

Já eu sou o que faço até o que não se convém
Impedindo o homem de na vida vir a vencer

Eu sou o responsável pela alegria e a paz
Que dentro dos corações sempre brotam
Já eu sou o que inspira aos anjos de Satanás
Que facilmente a muitos pelo mundo derrotam

Eu levo os homens a agirem com compaixão
Perdoando uns aos outros quando se ofendem
Já eu levo-os a agirem como se faz um dragão
Matando uns aos outros e nem se arrependem

Eu sou o que de melhor Deus pôde inventar
Porque o ajudo no seu infinito ato criador
Já eu sou o que de pior Satanás pôde criar
Porque faço do homem um ser destruidor.

## Borbotões de emoções

Há momentos em minha vida
Que borbotões de sentimentos
Invadem minha alma desvalida
Como reflexos de pensamentos

A tudo os meus sonhos refletem
Refletindo borbotões do meu ser
Que para os outros se remetem
Vendo aquilo que não posso ver

Como nem eu mesmo me conheço
Com o que penso e sinto me intrigo
Achando às vezes que não mereço
Ser de sonhos fantásticos um abrigo

Em momentos de crise fico atordoado
Como se em mim houvesse um vendaval
Pois sinto todo o meu ser transformado
E incapaz de contê-los de forma total

Sensações e emoções sempre me povoam
Levando-me a lugares desconhecidos
Meu coração e minha alma se atordoam
Ficando completamente aborrecidos

Seres estranhos invadem todo o meu ser
Fazendo-me de servo, escravo e refém
De tal forma que não consigo me conter
Agindo tantas vezes como não se convém

Me transporto da terra para o infinito
Indo até mesmo no céu ou no inferno
Acordando-me assustado dou um grito
Pedindo socorro logo ao Pai eterno

Pareço ser abduzido por diabos ou anjos
Que a minha alma querem desta vida levar
Sejam eles pequenininhos seres ou marmanjos
De forma que meu desejo maior é despertar

Às vezes sou o maior dos sábios existentes
Capaz de qualquer coisa impossível vir a fazer

Às vezes sou o maior dos tolos incompetentes
Que nem sequer uma palavra só eu sei dizer

Não há limite de nada para mim sonhando
E às vezes me sinto sendo o Todo poderoso
Fazendo acontecer tudo que vou imaginando
Enfrentando a tudo e a todos sem ser medroso.

## Mudar ou cumprir as leis

Mudar logo ou as leis cumprir
Eis o que o Brasil deve fazer
Se quiser em tudo se desenvolver
E em paz buscar o seu porvir

As leis existentes já são significativas
E se cumpridas o Brasil vai mudar
Atendendo às nossas expectativas
Para os sonhos virem a se realizar

As leis não podem ficar só no papel
Sendo somente uma mera letra morta
Pois para nós será algo muito cruel
Uma chave que não abre a porta

Nossa Constituição é modelo do mundo
Por ter tido a participação de nosso povo
Que expressou o seu amor mais profundo
Ao propor-lhe algo de bem muito novo

Do jeito que está não pode continuar
Não sendo cumprido o que foi escrito
Senão aonde é que nós iremos parar
Tendo desigualdade injustiça e conflito?

Se as leis existentes não são cumpridas
A culpa está sendo de todas as pessoas
Que mesmo tendo as suas almas partidas
Não lutam para também ter as coisas boas

Se nós queremos mudanças e inovação
Novas leis nós devemos tão logo fazer
Mudando de vez a nossa Constituição
Para que um novo Brasil venha a nascer

Como "o que não se usa logo se atrofia"
Se nossas leis não forem logo renovadas
Tira sempre de todos nós a nossa alegria
E com o tempo acabam sendo ultrapassadas

As nossas leis beneficiam alguns poucos
Por eles terem prestígio e também poder
Deixando todos os demais muito loucos
Por não poderem quase nada vir a fazer

Se a paz é de fato um fruto da justiça
É devido à injustiça que temos a guerra
Sobretudo porque alguns têm muita cobiça
Querendo ter tudo o que há aqui na terra.

## Sorrir ainda é o melhor remédio

Sorrir ainda é o melhor remédio
Para se curar a nossa tristeza
Libertando-nos do nosso tédio
Para então tudo ficar beleza

Sorrindo bons fluídos atraímos
Expulsando logo de nós a inhaca
O nosso estresse nós reduzimos
E na vida marcamos gol de placa

O sorriso expressa a nossa alegria
Presente na alma e no coração
Nos fazendo ficar em harmonia
Nos curando até da depressão

Quem não sorri doença obtém
Pois fica sempre de mal humor
Podendo até vir a ferir a alguém
Perdendo seu prestígio e valor

Como "quem canta seus males espanta"
Quem sorri faz algo semelhante
Às pessoas seduz e até encanta
Porque se torna mais elegante

Como o sol o sorriso o rosto ilumina
Nos fazendo sempre bem mais bonitos
Como que repletos da graça divina
Expelindo de nós todos os conflitos

Quem sorri tem a alma repleta de Deus
Vivendo sempre bem com as pessoas
Cuidando bem de todos os atos seus
Considerando-as como gentes boas

Até as rugas do rosto acabam diminuindo
Quando se sorri demonstrando felicidade
Que no coração e na alma se está sentindo
Não tendo neles nem um pouco de maldade

O sorriso é antes de tudo expressão da alma
Que repleta de boas emoções não se contém
E para se sentir diante de todos bem calma
Trata-se de seduzir ou conquistar a alguém

Quem sorri sempre tem na vida razão pra viver
Porque os desafios procura vencer com garra
Não se deixando levar por nada nem a se abater
Sempre superando na vida toda e qualquer barra.

## O poder da imaginação

Quem imagina o seu espírito eleva
Saindo por todo o universo a viajar
Seu inconsciente nada lhe nega
Dando também o poder para criar

Imaginando somos muito criativos
Nada perdendo para os bons atores
Nossos corações e almas ficam ativos
E assim passamos a ter mais valores

"Vale mais imaginar do que estudar"
Já dizia o Einstein com muita precisão
Pois imaginando podemos transformar
O que no mundo está em estagnação

Imaginar é dar às fantasias evasão
E nelas viajar no espaço e no tempo
Sabendo que não há limite pro coração
O qual acaba dando asas ao sentimento

Ainda que oxigênio possamos queimar
Imaginando podemos mudar o mundo
Pela nossa capacidade de vir a inventar
Revelando o nosso ser mais profundo

Quem fez grandes invenções é um gênio
Que usando o poder de sua imaginação
Não se preocupou em queimar oxigênio
Se dedicando muito tempo à meditação

Sem imaginação a cultura não existiria
Como resultado do nosso criador poder
E nosso mundo jamais se transformaria
Em tudo isso que aí nós podemos ver

Na imaginação está nossa fonte de saber
Da qual podemos sempre nos beneficiar
Para o que não existe fazermos aparecer
Usando o nosso infinito poder de criar

Melhor do que usar o que alguém já criou
É sempre usar a imaginação para se criar

Usando a sabedoria que Deus um dia usou
Para fazer o que não existe se manifestar

O paraíso poderá vir a existir aqui na terra
Se todos os homens usarem a imaginação
Poderemos até mesmo acabar com a guerra
Fazendo valer o amor do nosso coração.

## Alienação

Alienar-se é deixar de aprender
Acomodando-se com o que se sabe
Deixando-se de vir a se desenvolver
Pouco lixando que sua vida desabe

Alienar-se é optar por ficar louco
Para de tudo ficar sempre libertado
Por se achar um ser que vale pouco
Podendo até vir a ficar marginalizado

De todos os males a alienação é o pior
Porque nos reduz à uma extrema miséria
Quando podemos ser de todos o melhor
Não nos contentando só com uma pilhéria

Não podemos nos perder no que produzimos
Sem termos condições de algo vir a comprar
Já que o nosso destino nós o conduzimos
Podendo a nossa história virmos a traçar

Não podemos ficar por fora da realidade
Para com ela não nos comprometendo
Porque sem ela não teremos a felicidade
E podemos até tão logo acabar morrendo

Se eu simplesmente vier a ti me tornar
Ou mesmo você simplesmente se tornar a mim
Tão imediatamente iremos de fato nos alienar
Dando à nossa vida e a tudo o mais triste fim

Quem não pertence ao nosso planeta terra
Da nossa realidade é de fato um alienado
Podendo conosco até vir a fazer uma guerra
E nela até mesmo acabar morrendo baleado

Se eu algo de você vier um dia a comprar
Com certeza a você ele não mais irá pertencer
Porque por certo eu acabei de o alienar
Ainda que você disso não venha a se convencer

Quem usa drogas em transe até entra
Fazendo até mesmo viagens delirantes
Na realidade até mesmo não se concentra
Passando por situações conflitantes

Alienação é um sinônimo de acomodação
Para quem deixa de nesta vida vir a lutar
Buscando do mundo a sua transformação
Para a sua vida e a de todos vir a melhorar.

## Sou movido pelo amor

Sou sempre movido pelo amor
Como o universo é por Deus
Recebendo dele todo o calor
Que impulsiona os desejos meus

Essa energia inebriante me vigora
Dando-me forças para sempre viver
Lutando contra o que me apavora
Conseguindo em quase tudo vencer

Sem o amor eu não posso viver
Pois é ele o meu grande sustento
Dando-me força, vigor e prazer
Na elevação do meu sentimento

Da água do sol e do ar me alimento
Do amor recebo tudo o que preciso
De forma que lutando tudo aguento
Achando que a vida é um paraíso

O amor é uma força que dinamiza
Meu corpo minha alma tudo em mim
E a tudo isso ele sempre dinamiza
De quando nasci hoje e até o fim

Com o amor tudo me é possível
E sem ele eu nada posso vir a fazer
Achando que tudo me é impossível
O que só aumenta o meu sofrer

Do amor eu nasci e por ele sou movido
Como a gasolina e o motor o carro movem
Fazendo-me ser por muitos muito querido
Pois meus intentos e projetos promovem

Dos sentimentos o amor é o mais bonito
Por tudo o que ele opera no nosso coração
Nos fazendo viver com olhos no infinito
Sentindo na nossa alma a maior satisfação

Amando me sinto bastante feliz e forte
Para na vida enfrentar todos os desafios
Sem temer nada e nem mesmo a morte
Mesmo tendo na pele grandes calafrios

Se temos algo para vir a Deus agradecer
É por Ele ter para nós o amor inventado
Como força que a tudo leva a se mover
E através dele em Jesus ter nos salvado.

## Sou como Deus um mistério

Sou como Deus um grande mistério
Porque não sei de onde é que venho
E ainda que vá um dia pro cemitério
O céu eu busco com bom desempenho

Sou alguém que tem o poder de sonhar
Fazendo maravilhas quando eu sonho
Capaz de qualquer um vir a admirar
E a vivenciar esses sonhos me proponho

A biologia pode o meu corpo explicar
Tal qual ele apresenta-se materialmente
Mas a minha alma ela deixa a desejar
Não entendendo o que vai além da mente

Como fui feito ou criado ninguém explica
Pelo menos de uma forma bem convincente
E há quem tenta, mas até mesmo complica
Porque não o faz de uma forma inteligente

Embora eu seja criado e tenha que morrer
Acredito que para sempre eu irei existir
Como o rio que no mar deixa-se perder
Eu em Deus na eternidade irei me emergir

Irei sempre existir como espírito imortal
Pois de Deus eu sou imagem e semelhança
Para com ele continuar no reino celestial
Conforme Cristo me deixou esta esperança

Na minha alma há um extraordinário poder
Para fazer maravilhas ou milagres incríveis
Bastando apenas que em Deus eu possa crer
Para vir a fazer coisas até mesmo impossíveis

Quem sabe explicar os fenômenos do meu ser
Existentes no meu corpo bem como na minha alma
De forma que Deus em mim eu venha a perceber
E superando os obstáculos obtenha a calma?

Consultando do menor ao maior dos pensadores
Eu já procurei resposta para muitas dúvidas assim

Todavia como eles continuarei é sentindo dores
No corpo e na alma como ontem hoje e até o fim

Enquanto eu não obtenho respostas eu pesquiso
Na tentativa de saber aquilo que não sei ainda
Já que a morte certa para mim é sempre um aviso
De que a qualquer momento minha vida se finda.

## Quão fantástica é a vida!

A vida é mesmo tão maravilhosa
Que até Deus quis ser gente
Um de nós de forma misteriosa
Em nosso meio se fez presente

É maravilhoso corpo e alma ter
Para desta e da outra vida participar
Fazendo-se por onde vir a merecer
Que um dia venha lá no céu morar

Apesar de tudo o que há de ruim
Vale mesmo a pena esta vida viver
Desfrutando tudo dela até o fim
Sem jamais suicídio vir a cometer

Há tanta coisa para se aprender
Que nem podemos descansar
E há tanta coisa para se fazer
Que não podemos os braços cruzar

Pelos sonhos e emoções que sentimos
Já terá valido a pena termos vivido
Ainda que muitas coisas nós omitimos
Durante todo tempo que tenhamos agido

Por poder tantas coisas boas saborear
Sentindo por meio delas muito prazer
Vale mesmo a pena por esta vida passar
Mesmo lutando sempre para se sobreviver

Embora a nossa vida nos seja tirada
Quando mais a ela tivermos apegado
Uma outra por certo nos será dada
Para de ambas nós termos desfrutado

O que nos motiva a lutar é a certeza
De que depois desta vida há uma melhor
Mais duradoura e bem repleta de beleza
Para recompensar o que aqui há de pior

Se esta vida é tão maravilhosa como é
Como não será a outra que há no além
E que será dada a quem em Deus tiver fé
Para viver por todo os séculos amém?

Tudo nesta vida me encanta e me fascina
Me deixando quase que em êxtase profundo
Sobretudo por receber uma proteção divina
Para vencer todas as tentações do mundo.

## Sou cigarra e formiga ao mesmo tempo

Sou cigarra e formiga ao mesmo tempo
Pois sendo cigarra componho e canto
Expressando o que vai no meu sentimento
E sendo formiga trabalho como um santo

Como cigarra eu levo a vida a cantar
Todos os encantos que a vida oferece
Como formiga levo a vida a trabalhar
Para comer o pão como quem o merece

Sendo cigarra também ganho dinheiro
Além de poder divertir a muita gente
Sendo formiga trampo o ano inteiro
Para não ter que ser um indigente

Como "quem canta seus males espanta"
Sendo cigarra eu posso isso vir a fazer
Mas como a formiga sempre me encanta
Como ela eu trabalho com muito prazer

Ora eu sendo cigarra ora sendo formiga
A minha vida eu vou levando com garra
Ainda que há muito seu jeito me intriga
Trabalhar e cantar para mim é uma farra

Às vezes priorizo a cigarra que há em mim
Embora sempre a minha formiga prevalece
Já que a vida de cigarra logo tem um fim
Ralo muito mesmo que isso me aborrece

A cigarra canta para a formiga consolar
Já que a coitadinha trabalha noite e dia
Sabendo que logo o inverno vai chegar
E a ela comida pedirá usando de simpatia

A minha formiga exagera trabalhando
Esquecendo-se de que também é cigarra
Que pode muito bem viver só cantando
Pois a nada é obrigada a fazer na marra

A minha formiga às vezes é ambiciosa
Deixando-se levar pela ambição do ter
Esquecendo-se de que deve ser generosa
Já que a cigarra também dinheiro pode ter

Embora minhas formiga e cigarra me amem
Eu por elas sou mais do que apaixonado
E mesmo que ambas de mim nada reclamem
Eu procuro por elas trabalhar até dobrado.

## Para além de mim

Para além de mim muito desconheço
Uma vez que sou limitado e pequeno
Mas sei que busco tudo o que mereço
E vivo aqui preparando o meu terreno

Sou um grãozinho de areia no mar
Um serzinho minúsculo no universo
Mas bem capacitado para muito amar
Podendo cantar tudo em prosa e verso

Tenho muito para descobrir do mundo
Sobretudo de mim, dos outros e de Deus
Despertando para o mistério profundo
Que faz parte de sonhos e planos meus

Não posso me acomodar com o que sei
E por orgulho achar que já sou um gênio
Pois diante do que até agora conquistei
Serei alguém se eu queimar mais oxigênio

Tenho tão pouco diante do que preciso
E não posso me dar ao luxo de relaxar
Como se eu até tivesse perdido o juízo
Deixando de estudar e de trabalhar

Nem o Papa pode parar jamais de estudar
Sobretudo porque dele mais se é exigido
Nem Bill Gates deixar jamais de trabalhar
Já que corre o risco de vir a ficar falido

O que seria de mim se me acomodasse
Achando que já sei ou já tenho de tudo?
Seria melhor que logo me internasse
Pois além de cego seria um cabeçudo

O meu amanhã pode ser muito promissor
Caso eu me dedique muito para buscar
Tudo aquilo que me oferece meu Senhor
Enquanto tenho saúde e força pra lutar

Se eu não for o que hoje sonho ou desejo
Ao menos não terá sido em vão meu viver

Já que até aqui um pouco do que eu almejo
Eu consegui, mesmo tendo que muito sofrer

Meu amanhã e meu destino pertencem a Deus
Mas me esforçarei para com ele colaborar
Para que todos os desejos e sonhos meus
Ele possa um dia ainda que demore realizar.

## Amor, o bom vinho da vida

O amor é o bom vinho da nossa vida
E sem ele jamais nós podemos viver
E com ele sempre encontramos saída
Para acabar de vez com nosso sofrer

Amando todos nós somos muito felizes
Tendo no nosso coração muita alegria
Não amando cometemos muitos deslizes
Ficando sempre sem paz e sem harmonia

O amor é tudo que temos de muito bom
Pois com ele tudo o mais nós obtemos
Fazendo tudo soar no mesmo e bom tom
E até mesmo nossas almas nós salvaremos

Como é bom amar e também ser amado!
Podendo o que o corpo oferece desfrutar
Sentindo-se de corpo e alma excitado
Amando sem mesmo ter hora para parar

Amar e ser amado é sentir-se no paraíso
Onde tudo se resume só em felicidade
Sem nunca ficar carente ou sem juízo
Sentindo-se por inteiro na eternidade

Quem não ama não sabe o valor do amor
Pois dele nada pôde desfrutar de fato
Como sendo mesmo o mais saboroso licor
Que desfrutando-o se fica logo grato

O amor é o que de melhor Deus pôde criar
Pondo-o em nosso corpo e em nossa alma
Para Dele não termos nada o que reclamar
Mas de tão gratos para Ele batermos palma

Sem amor nossa vida não teria sentido
Mas com ele ela tem toda a razão de ser
Para cada um ficar ou se sentir querido
Esquecendo de vez toda espécie de sofrer

O paraíso se faz presente quando se ama
Sobretudo quando também se é amado
Ninguém de nada jamais na terra reclama
Como se o céu já aqui tivesse encontrado

Mais do que vinho ou do que saboroso pão
É o amor que invade inteiramente nosso ser
Transformando completamente nosso coração
Acabando uma vez por toda com nosso sofrer.

# Metamorfoseando

Um dia fui óvulo e espermatozoide
E em um feto eu me transformei
Nascendo poderia ter sido debiloide
Mas de lindo bebê homem me tornei

Vivi minha infância com intensidade
Desfrutando de tudo o que ela oferecia
Na minha juventude senti felicidade
Encarando a maturidade com alegria

Vivo minha maturidade com amor
Para a minha velhice me preparando
A tudo que sou e tenho eu dou valor
Pois sei que a morte já está chegando

Embora cresci e adulto me tornado
Em mim haverá sempre um bebê imortal
E sendo ele infinitas vezes tenho sonhado
No processo metamórfico divinal

Viver é sempre deixar de ser o que se é
Porque a vida é um eterno movimento
E o que nos faz continuar vivos é a fé
Movida sempre pela força do sentimento

O casulo vira lagarta e esta borboleta
O óvulo-esperma vira ovo e este feto
E eu, passando por processos no planeta
Viro o que desejar o meu ser inquieto

Passando por toda espécie de evolução
O meu eu mais profundo se transformou
Sendo o que é de alma e também de coração
Guiado por um ser maior que me criou

O que serei no fim da minha vida não sei
Mas sei que cada dia sou um ser diferente
Talvez nunca sendo aquilo que eu planejei
Porque eu não sou um ser autossuficiente

Sendo aqui um ser limitado e imperfeito
Futuramente desfrutarei de perfeição
Pois creio que por meu Deus serei eleito
Para com ele morar na eterna mansão

De um simples ser mortal e pecador
Posso vir a ser o que eu nem imagino
Pois minha vida no além é do Senhor
E nas suas mãos está o meu destino.

## Cada um tem sua história para contar

Cada um tem sua história para contar
Seja ela bonita ou feia rica ou pobre
Importando que possa algo ensinar
Sem importar se é um plebeu ou nobre

Cada pessoa tem uma vida significativa
Repleta de mistérios até inexplicáveis
Tendo sempre na alma muita expectativa
E no coração mui segredos irreveláveis

Do pequenino até o maior e mais velho
Há um infinito mar de histórias a contar
Semelhante ao que se fala no Evangelho
Cada um tem que a sua meta vir a buscar

Não há quem não tenha sonhos e planos
Ocultos no fundo da alma e do coração
Procurando realizá-los durante os anos
Que viver nos dias de cada uma estação

O que dá sentido à vida é fazer história
Vivendo em busca de algo que não se tem
Sobretudo procurando ficar na memória
De todos que são amigos e lhe quer bem

Terá valido a pena ter passado pela vida
E como a tantos o mundo transformado
Ajudando muitos a encontrar uma saída
Para tudo que ao homem tem prejudicado

A vida nos foi dada para plenamente viver
Desfrutando tudo o que ela pode nos dar
E não para não ser nada e vir a cedo morrer
Sendo infeliz e o que sonhou não vir a realizar

Em qualquer lugar que alguém nascer vier
Tem que a sua história de vida construir
Procurando ser tudo aquilo que se quiser
Acreditando que isso se pode vir a conseguir

O mundo a vida e a história são de quem crer
Que por maiores que sejam seus problemas

Não desistirá de batalhar para alguém vir a ser
Acreditando que poderá resolver seus dilemas

Como cada pessoa tem em si todo o mundo
Deve ser por todas as pessoas bem estudado
Considerando-a como um mistério profundo
Ou como grande segredo a ser desvendado.

## Os impedidores do progresso

Há por aí muitos impedidores do progresso
Pela forma como politicamente vivem agindo
Pois eles sentem prazer pelo nosso regresso
Pouco se lixando pelo que estamos sentindo

Capitalistas e egoístas que são só acumulam
Querendo tudo só para eles até o que temos
E em Deus dizem que acreditam e até juram
Mesmo que nossa pobreza lhes demonstremos

Não há interesses neles de nos ver progredir
Porque com eles iremos poder até concorrer
Importando sim que venhamos a nos sucumbir
Ou de preferência mesmo que venhamos morrer

Daí que patrões não nos dão aumento de salário
Ou pelo menos um salário mais digno e justo
Para que a nossa vida não seja um calvário
Vindo até mesmo ao diabo causar um susto

Quem governa pode ser um revolucionário
Capaz de fazer esse mundo virar um paraíso
Sendo justo para conosco e não salafrário
Agindo como quem se alienou e perdeu o juízo

O dinheiro não é mais importante que a pessoa
Pois ele e as coisas não têm coração e nem alma
E diante de Deus o que bem e em alto tom soa
É a justiça e a partilha que dele arranca palma

De que adianta um mundo repleto de dinheiro
Ou maravilhosamente repleto de coisas-objetos
Se a maioria das pessoas se sentem num lixeiro
Ainda que de Deus se sintam filhos prediletos?

Quem tem muito dinheiro pode milagres fazer
Mas a maioria não o faz porque não querem
Já que são egoístas e não sentem nisto prazer
Preferindo as coisas que mais lucro lhes derem

Certos governantes é o atraso que eles visam
Indo na contramão da História e da própria vida
E com os outros pelos seus interesses brigam
Jamais facilitando que pobres tenham uma saída

Aquele que pode fazer o bem e não o faz peca
Já dizia São Paulo aos políticos do seu tempo
Mas governante hoje ao pobre até mesmo seca
Para que nem sequer venha a pedir por aumento.

## O que nos faz eternizar é a arte

O que nos faz eternizar é a arte
A qual sendo obra nossa é eterna
Pois quando cada um daqui parte
Ela permanece e cada vez mais moderna

Sem a arte nossa vida não teria sentido
E tão logo dela abriríamos mão de viver
Ficando com o espírito mui aborrecido
Em nada encontrando verdadeiro prazer

Pela arte viver nos tem valido a pena
Pois é ela que dá sentido à nossa vida
Não deixando que ela seja tão pequena
De quando nascemos até à nossa partida

Se daqui partimos corporalmente falando
Espiritualmente aqui nós continuamos
Pois nossa arte isso vai estar provando
Com todas as obras de artes que deixamos

Pela arte viver sempre a pena valerá
Por tudo o que ela tem de bom a oferecer
Pois o mundo nossas obras contemplará
E de nós jamais irá para sempre esquecer

Nossas obras de artes provam o poder
Que tem o nosso espírito ou nossa alma
Para maravilhas neste mundo vir a fazer
Merecendo que até Deus bata palma

Pela arte transformamos a natureza
Fazendo-a ficar humana e até divina
Por causa de obras de rara beleza
Realizadas porque Deus nos ilumina

Todos os grandes gênios deste mundo
Assim se tornaram devido à sua arte
Dedicando-se à ela com amor profundo
Espalhando suas obras por toda parte

Seja qual for o tipo de arte existente
Vale a pena dedicar-se de forma radical
Mostrando ser nela muito competente
Para espalhar sempre o bem e não o mal

Esse mundo ainda é tão bonito como é
Porque ainda há quem se dedica à arte
Fazendo o que faz com muito amor e fé
Servindo a Deus no próximo em toda parte.

## Você é tudo para mim

Você é tudo para mim Senhor
Pois perfeito Tu me criaste
Como demonstração de amor
Em Jesus Cristo me salvaste

De vós sou imagem e semelhança
Por eu ter uma alma espiritual
Que em ti deposita toda confiança
Desejando estar em teu reino celestial

Estás no mais íntimo do meu ser
E eu de ti preciso ser um espelho
Pois me criaste para te bendizer
Sempre te adorando de joelho

Não precisavas de mim para nada
Mas quiseste comigo poder contar
Te louvando durante minha estada
Nesta terra que um dia vieste visitar

Do nada me criaste com teu poder
Sem pedir orientação a ninguém
Me dando a chance de aqui viver
Me preparando seu paraíso no além

Contigo minha vida tem sentido
E sem ti minha vida é muito vazia
Por tudo e todos sou aborrecido
Tendo só tristeza e não alegria

Não tenho como de ti vir a fugir
Sendo que estais em toda parte
E nem devo suas leis transgredir
Pois para todos é que as criaste

Minha missão aqui é te servir e amar
Durante todo o tempo que eu viver
Sem jamais desta missão me desviar
Para que não venha jamais me perder

Na minha vida nada tem me faltado
Graças à sua misericórdia tão infinita

E seu nome eu tenho sempre exaltado
Com minha vida e com minha escrita

Te peço perdão por não ser melhor
Como o Senhor de mim sempre quer
Mas tenho tentado deixar de ser o pior
Estando disposto pro que der e vier.

## O que há de melhor em mim

O que há de melhor em mim
É a minha alma e meu espírito
Que tendo início não terá um fim
Mesmo daqui partindo pro infinito

Me admiro muito com o que sou
Tal qual por Deus eu fui criado
Com tudo o que ele em mim colocou
Mesmo apesar de eu ter pecado

Deslumbro-me com o meu ser
Bem como tudo o que ele contém
Nunca podendo vir a me esquecer
De que sou filho do Deus do além

Orgulho-me de ter o que eu já tenho
E apesar dos defeitos tenho qualidades
Fazendo todo dia um bom empenho
Para conseguir evitar fazer maldades

Tenho em mim um Deus escondido
Que cada dia e aos poucos se revela
Transparecendo seu filho querido
Como perfeita obra de arte numa tela

A cada dia me sinto mais gente
Na medida em que mais aprendo
Desbloqueando a minha mente
Para ser o que não estou sendo

Do meu passado não me arrependo
Do meu presente não me envergonho
O meu futuro claramente estou vendo
O que sempre me deixa mais risonho

Não consegui tudo o que eu quero
Mas quero tudo o que eu consegui
Desdobrando-me com grande esmero
Graças ao Deus do céu a quem pedi

Me sinto um grande homem de fato
Por tudo o que tenho e que sou
E ao meu Deus sou muito grato
Porque sem merecer ele me ajudou

O que me falta eu tenho que pedir
Mas tenho muito mais que agradecer
Pois tudo o que tenho me faz sorrir
E o que me falta não me faz sofrer.

# Mais do que criatura sou filho de Deus

Mais do que criatura sou filho de Deus
Porque em Jesus Cristo eu fui batizado
E assim me tornei um dos filhos seus
Sendo apagado o meu original pecado

Sendo filho de Deus é o céu meu destino
Onde ele mora com todos os seus santos
Adorado por todos que habitam o divino
Para um dia vir desfrutar seus encantos

Enquanto aqui eu viver terei uma missão
A de a Deus amar servir adorar e louvar
Com todas as forças desse meu coração
Na esperança de que Deus vai me salvar

Sendo criatura eu sou como um animal
Mas sendo filho sou da família de Deus
Tendo em vista sua graça e casa celestial
Para sempre viver ao lado dos filhos seus

Vivo aqui nesta terra como uma criatura
Do que ela e o mundo me dão desfrutando
Mas como filho de Deus após a sepultura
De tudo que o céu tiver estarei gozando

Ser criatura é somente ser um qualquer
Mas ser filho de Deus é assumir o batismo
Sendo um outro Cristo pro que der e vier
Assumindo ensinamentos do cristianismo

Não sou apenas um corpo neste mundo
Sou um mundo num corpo por assim dizer
Tendo em mim um mistério muito profundo
Não sendo o que sou, mas o que virei a ser

O bem definitivo nesta vida eu não tenho
Pois ele está reservado lá na eternidade
Mas a Deus aqui agradecer eu já venho
Por saber que lá com ele terei felicidade

Enquanto não parto para a vida definitiva
Nesta vou batalhando tentando lá chegar
Trabalhando rezando e sempre na expectativa
De que as promessas de Cristo não vão falhar

Deposito em Deus toda a minha confiança
Acreditando em tudo o que a Bíblia me diz
Orientado pela Igreja que me dá a esperança
De que nesta vida e na outra serei muito feliz.

## Por que há tanta maldade neste mundo?

Por que neste mundo há tanta maldade
Se Jesus veio dizer que Deus é só amor
E morreu para nos garantir a eternidade
Nos libertando de tudo que causa terror?

Não faz sentido vivermos como pecadores
Se por Jesus Deus nos deu o Espírito Santo
Para nos consolar aqui de todas as dores
Revelando que após esta vida está o encanto

Se Deus e Jesus não nos tivesse visitados
Falando e fazendo tudo o que está escrito
Até do nosso pecado não seríamos perdoados
E assim não passaríamos de um povo maldito

Não é justo agirmos assim como nós agimos
Fazendo ou permitindo fazer tanta maldade
Parecendo que por tudo nós nada sentimos
Sabendo que teremos por prêmio a eternidade

O que mais pode Deus fazer para nos converter
Se o mais importante ele fez morrer na cruz
Apenas para não termos que vir a nos perder
Mas buscarmos com Ele o caminho da sua luz?

Há aqui quem comete as maiores barbaridades
Sem nem sequer se arrepender de ter feito
O que leva outros a cometer até atrocidades
Levando uma vida torta ou de qualquer jeito

Esse mundo poderia já ser mesmo um paraíso
Acontecendo tudo de bom e mesmo de melhor
Se não fosse nossa falta de fé ou até de juízo
Fazendo com que o que é ruim fique até pior

As autoridades competentes omissas estão
Não fazendo acontecer a tão desejada justiça
Permitindo se fazer justiça com a própria mão
Sobretudo aquele que tem em si muita cobiça

Sabemos que a maldade em si mesma não existe
Mas nós a fazemos surgir com a nossa atitude

O que faz com que o nosso mundo seja triste
Por faltar em nós a tão boa prática da virtude

Em síntese nascemos todos bons e perfeitos
Uma vez que nascemos do autor da perfeição
Mas depois é que vão surgir os nossos defeitos
Nos deixando levar pelo que leva à corrupção.

## Tudo que me cerca me encanta

Tudo que me cerca me encanta
Sentindo-me um ser especial
E até minha alma se espanta
Ao ver que tudo é um ser total

Nada me passa despercebido
Pois tudo mexe com o meu ser
E de tudo me sinto tão querido
Que só tenho que agradecer

Toca-me cada coisa no mundo
E com tudo vivo em harmonia
Sentindo um amor profundo
Por tudo que me traz alegria

Não vivo sem a tudo contemplar
Deixando-me envolver plenamente
Por tudo que gosto de admirar
Porque isso me faz mais gente

Quão maravilhoso é poder ver
O que meus olhos podem contemplar
Podendo a tantas coisas perceber
Que fico até mesmo a me extasiar

Da mínima formiguinha até ao céu
Tudo me é motivo de encantamento
Espero ver o que está envolto em véu
O que vai bem além do firmamento

Como com tudo não me maravilhar
Se sou tão pequenino nesta terra
Sabendo que aqui eu não irei ficar
E que minha missão aqui se encerra?

Quero sempre as estrelas contemplar
Com as cores do arco-íris me envolver
E com as criancinhas eu quero brincar
Procurando sempre com elas aprender

Como são fantásticas as coisas da vida
Por tudo que para nós elas representam
Fazendo com que nossa alma fique sabida
Sobretudo porque todas nos sustentam

Admiro mais ainda Deus que a tudo criou
Deixando a sua marca em tudo que aí vejo
Sustentando e nutrindo como Ele planejou
Tendo como objetivo matar o meu desejo.

## Sinto, logo sonho

Porque eu sinto eu também sonho
Sendo essa a tradução do que sinto
Quer seja ele simples ou medonho
Deixando-me às vezes num labirinto

Viajo sempre nas minhas fantasias
Conforme embalos dos sentimentos
Maravilhando-me com lindas sinfonias
Tocando alguns instrumentos

Minha alma aguça o meu coração
Para nas ondas das sensações surfar
Tirando proveito da minha imaginação
Para até mesmo ao paraíso se elevar

Sonhando sou cenário, ator e diretor
De um filme ou mesmo de uma peça
No qual atuo ou dirijo com muito amor
Sem ter nada que a disso me impeça

Viajando para dentro de mim mesmo
Desvendando até tesouros encantados
Sempre que eu saio por aí a esmo
Tendo os meus sentidos relaxados

Como uma alma desencarnada
Sonhando por aí a fora eu passeio
Curtindo tudo com alma despertada
Sem ter um início um fim ou um meio

O que de dia eu pensar sentir e viver
À noite como o boi remói minha alma
Levando-me a bem melhor aprender
Tirando o stress e devolvendo-me a calma

Minhas fantasias fazem-me transportar
Saindo de meu corpo e de onde estiver
Para pelo universo inteiro poder viajar
Sem temer a nada e a fazer o que quiser

Sentindo-me semideus quase tudo posso
Quando sonhando eu até deixo de ser eu
Para ser semelhante de fato ao Pai nosso
Que um dia me criou com todo o poder seu

Sem nem entender bem quem eu de fato sou
Vivo como quem sabe que sabe muito pouco
Tanto do presente quanto do que já passou
Sem deixar que o futuro me deixe tão louco.

## Não é nada fácil ser professor

Não é nada fácil ser professor
Já que se tem que muito estudar
Buscando aprender lição de valor
Para na sua profissão vir a aplicar

Tem-se que ser alguém diplomado
Para do MEC receber a autorização
De pôr em prática o que foi estudado
Exercendo seu direito como cidadão

É preciso ter também uma vocação
E, sobretudo gostar de se lecionar
Não se estressando mediante a lição
Uma vez que todo dia terá que passar

Vindas de várias pessoas da comunidade
Tem-se situações de muita perturbação
Que até pode-se tirar a paz e a felicidade
Se não controlar e bem o seu coração

Falta-se material para se trabalhar bem
Se fazendo proezas sem a ele se exigindo
Pois assim não se pode fazer feliz ninguém
E como vela aos poucos se consumindo

Há muito uso de drogas e violência
Que o bom trabalho impede e intimida
Exigindo que se tenha até clemência
Para pelo menos se ter direito à vida

Precisa-se fazer parte do sindicato
Politizando-se e pelos direitos lutando
Não podendo ser um cidadão pacato
Porque do sistema acabará se vitimando

Não basta dos livros ensinar lições
É necessário que elas tenham sentido
Uma vez que devem falar aos corações
Dos alunos de quem se deve ser querido

Deve-se ensinar mas sempre aprendendo
Não se esquecendo do que se aprendeu

Uma vez que o saber vai se envelhecendo
Chegando a hora em que tudo se esqueceu

Da saúde não se deve nunca se descuidar
Uma vez que é ela que nos dá o entusiasmo
Para com amor e vontade sempre trabalhar
Sem nunca se deixar levar pelo marasmo.

## Sorte é pra quem a tem

Sorte é para quem a tem
E não para quem a deseja
Sendo na vida Zé Ninguém
E a pedir esmola na igreja

A sorte nem a todos procura
Fugindo como o diabo da cruz
Deixando uns ter até loucura
Por não terem nada que a seduz

A uns a sorte coroa de riqueza
Dando-lhes também toda glória
Ainda que usem de toda esperteza
Para até entrarem para a história

A outros a sorte olha com desdém
Deixando-os sofrer na desgraça
Sem nunca conseguirem ser alguém
E por desespero viciam-se em cachaça

Há uns que colhem tudo que plantam
Tornando-se bem mais afortunados
Enquanto outros não desencantam
Sendo eternos pobres e azarados

Há quem ganhe sempre que aposte
Aumentando sempre mais sua grana
Enquanto há quem até se desgoste
De tanto perder e viver num drama

Para um nem é preciso mesmo rezar
Que a sorte não lhe dará mesmo atenção
Já que tem por sua companhia o azar
Nunca passando do centavo pro milhão

Para outro sem nem fazer uma prece
Pela grande fortuna já é agraciado
E da noite pro dia logo se enriquece
Como quem por Deus foi abençoado

Quem tem acaba sempre mais ganhando
Para poder aumentar o seu patrimônio
Já quem não tem perde e se lascando
Se acha ser amaldiçoado pelo Demônio

Se somos todos filhos de um mesmo Pai
A sorte deveria ser para todos por igual
No entanto quem é pobre na vida só cai
E quem é rico sempre sobe de forma total.

# Só tenho que ao Senhor agradecer

Só tenho que ao Senhor agradecer
Por mais um ano de vida que me deu
Para nos irmãos lhe servir e bendizer
Vivendo sempre como quem renasceu

Muitíssimo obrigado meu Deus e Pai
Por tudo o que me deste neste ano
E saiba que no meu coração você vai
Por onde eu for pois eu muito te amo

Obrigado meu Papaizinho querido
Por todas as graças que já me deu
Fazendo-me sempre um favorecido
Semelhante a Jesus Cristo o filho seu

Sede louvado bendito e exaltado
Por tudo e por todos em toda parte
Por graça da vida a mim dispensado
Sobretudo por eu ser sua obra de arte

Te adoro com minha alma e meu coração
E em tuas mãos te entrego o meu viver
Para que o Senhor cuide com satisfação
Para eu poder sempre te amar e bendizer

Quero na eternidade melhor te amar
Já que aqui isso dificulta a vaidade
Pois o Senhor está sempre a me dar
Aquilo que sempre me traz felicidade

Te peço perdão pelos meus pecados
Cometidos contra Ti e contra os irmãos
Mas te agradeço pelos já perdoados
E por todos os benefícios de suas mãos

Exalto e glorifico hoje o seu nome santo
Por tudo o que ele representa para mim
Por tudo que nesta vida me causa encanto
E por teres me feito bem desse jeito assim

Pela minha família eu quero te agradecer
E pelos amigos que me deste em todo lugar
Para que eu pudesse na vida sempre vencer
Toda vez que por acaso deles viesse precisar

Te peço que abençoe sempre o nosso futuro
De forma que ele seja sempre muito promissor
Iluminando tudo o que nos for muito escuro
Nos dando sempre muita saúde paz e amor.

## Nada melhor do que ter muitos e bons amigos

Nada melhor do que ter muitos e bons amigos
Pois eles são garantia de alegria e felicidade
Nos momentos difíceis nos livram dos perigos
E nos ajudam mais fácil a alcançar a eternidade

Amigo verdadeiro sobretudo quando parente
Faz com que nossa vida tenha melhor sentido
Quando se luta pelos objetivos corretamente
Por se sentir mui apoiado motivado e querido

Quando se tem amigos portas sempre se abrem
Para realizarmos o que desejamos e sonhamos
Em nossa alma e nosso coração às vezes nem cabem
Os bons frutos que da vida sempre cultivamos

Sem termos amigos a vida não passa de deserto
Mas o que é bom não nos acontece mas o que é ruim
Já tendo muitos bons amigos sempre por perto
Podemos ter felicidade do começo até ao fim

Amigos são a melhor coisa que Deus nos deu
Para podermos viver tendo uma grande família
Especialmente tendo a amizade do Filho seu
De forma que não sejamos como uma mera ilha

Quem tem amigos tem mais que grande tesouro
Tendo possibilidades mil de muitas realizações
Podendo assim fazer da sua amizade seu ouro
Para obter o que se deseja sentindo emoções

Amizade é sinônimo de realização e felicidade
No melhor sentido que tais palavras podem ter
Pois nos dão oportunidade para obter liberdade
Sobretudo nos ajudam não nos deixando sofrer

Para se ter bons amigos é preciso ser um também
Pois é a base para se conquistar qualquer pessoa
De forma que agindo sempre do jeito que convém
Pode-se ter a certeza de que não se leva vida à toa

Amigos fiéis e bons são como o ar que respiramos
Porque eles jamais nos deixam morrer asfixiados

Já que nos socorrem sempre que os procuramos
Jamais nos deixando sós e na vida desamparados

Amigos verdadeiros e leais só felizes nos fazem
Dando-nos o que lhes pedimos e toda a atenção
E para logo virem a nos ajudar muito bem agem
Até mesmo fazendo das suas tripas seu coração.

## Diga sempre "não" aos ditadores

Diga sempre "não" aos ditadores
Seja você grande ou mesmo pequeno
Para que eles não nos causem dores
Derramando sobre nós seu veneno

Ditadura nenhuma presta
Vinda de quem quer que seja
No nosso olho joga aresta
Impedindo o que dela se deseja

Sejamos sempre pela democracia
Pois com ela nós temos direitos
E não pela ditadura ou a tirania
Que em nós apenas vê defeitos

Se queres ser mesmo livre e feliz
Diga sempre "não" à toda ditadura
Pois ditador não cumpre o que diz
E somente te leva para a sepultura

Ditador sempre se acha um Deus
Na forma de falar e mesmo de agir
Não pondo limite nos atos seus
Vindo facilmente a nos agredir

Ditadores querem só para eles o sol
Para os demais só sombra fazendo
Espetando-os como peixes no anzol
Sempre deles zombando e desfazendo

Ditador sempre se acha um imortal
Sem se dar conta de estar enganado
Praticando a maldade de forma total
Nunca pensa em ser um dia enterrado

A ditadura leva sempre ao terror
Pois o ditador é um inescrupuloso
Não tendo para com ninguém amor
Levando-nos a um estado tenebroso

Quem gosta de ditador é puxa-saco
Porque apenas tem interesse e medo
Nunca sendo um forte mas um fraco
Sendo um omisso guardando segredo

Deus é tão democrata que nos criou
Para com ele o mundo poder governar
E até mesmo em seu filho nos visitou
Apenas para poder do mal nos salvar.

## Somente Deus me completa

Somente Deus me basta
Me completando por inteiro
Do mal ele sempre me afasta
Pois com Ele sou verdadeiro

Mais do que o ar que respiro
Deus sempre foi para mim
Por isso a Ele eu muito admiro
E com Ele ficarei até ao fim

Pode me faltar tudo o mais
Mas Deus não pode me faltar
Pois Ele para mim é demais
Na forma de Ele me tratar

Mais vale nada eu ter com Deus
Do que sem Deus eu tudo ter
Só Ele satisfaz os desejos meus
Transbordando-me de prazer

Deus é o que tenho de melhor
Tanto aqui como na eternidade
Sem Ele eu iria de mau a pior
Sem nunca vir a ter a felicidade

Poderia até ser dono do mundo
Mas sem Deus eu seria pobre
E dos seres até o mais imundo
Jamais sendo um sujeito nobre

Por Deus sou inteiramente louco
Capaz de por Ele até a vida dar
Sabendo que ainda é muito pouco
Pelo fato de Ele muito me amar

Quem não ama a Deus não é gente
Sendo para com Ele muito ingrato
Já que Ele nos ama eternamente
E por Jesus isso se tornou um fato

Meu coração é mesmo muito inquieto
Porque Deus é sinal dessa inquietude
Já que se tivesse me feito completo
Jamais o amaria adquirindo a virtude

Sou como o mar que nunca se enche
Por mais que água dos rios ele receba
Mas sei que Deus em tudo me preenche
Ainda que haja quem isso não perceba.

## O que esperar do futuro?

Diante de tudo que por aí acontece
O que podemos esperar do futuro
Quando de Deus o homem se esquece
Apagando dele a luz e ficando no escuro?

Há violência em toda parte do mundo
E cada vez mais só ficando sofisticada
Destruindo o que temos de mais profundo
A vida por Deus tida como sendo sagrada

A nossa segurança está sendo a divina
Porque a dos governantes está falhando
E parece haver bandido em cada esquina
Com armas potentes às pessoas matando

Apesar de tantas seitas e religiões haver
Deus ainda é tão pouco levado a sério
Devido à ganância e à sede de poder
Que acaba levando muitos ao cemitério

O planeta Terra está muito doente
O que nos faz também vir a adoecer
Com muitos morrendo tão de repente
Sem remédio e médico para os socorrer

Os governantes pouco investem no social
Sobretudo não priorizando a educação
E acumulando muita riqueza e capital
Não atendem aos direitos do cidadão

Em nome de Deus matam os terroristas
Como homens-bombas até se suicidando
Sem nunca serem em nada humanistas
As promessas de Maomé deturpando

O tráfico de drogas está se expandindo
E perdendo o controle dele as autoridades
Sem falar que muitos estão se omitindo
Permitindo muitos a praticarem maldades

Nossos jovens já não têm mais idealismo
E os que têm estão sendo transviados

Por tudo que lhes oferece o hedonismo
Pois para a vida não são bem orientados

O ensino e a educação não são de qualidade
Sempre em quase tudo ficando a desejar
Impedindo que o cidadão tenha felicidade
Pois sem emprego não tem como se realizar.

## Recado para quem não gosta de poesia

Se eu não me chamasse Miguel
Gostaria de me chamar Poesia
Para tirar da vida de muitos o fel
Lhes proporcionando só alegria

A poesia já está na minha veia
E a ela respiro a todo instante
A amo havendo quem a ache feia
Importando que seja significante

A vida só é bela fazendo poesia
E sem ela nos invade a tristeza
Nos faltando sempre a harmonia
Como base de toda a nossa beleza

Quem da poesia só vive falando mal
Credibilidade não pode vir a merecer
Porque ela nos é muito fundamental
E nunca mesmo a podemos obscurecer

No mundo a poesia já fez revolução
Dada a sua importância e seu valor
Servindo a muitos como inspiração
Sobretudo para falar do seu amor

A poesia é um excelente instrumento
Para quem na luta a sabe bem usar
Expressando bem seu pensamento
Para o mundo poder transformar

Há quem com a poesia tenha preconceito
Talvez por ignorância ou mesmo maldade
Para com ela não tendo o menor respeito
Já que para muitos ela traz só felicidade

Enquanto eu viver poesia eu muito farei
Expressando sempre o que sinto e penso
No papel minhas boas ideias eu colocarei
Demonstrando por ela meu amor imenso

Mais do que de comida de bebida e de ar
De boa poesia é que eu muito mais preciso
Para mais sentido à minha vida poder dar
E nunca ter que vir a perder o meu juízo

A poesia é mãe da música e irmã do poema
E é a razão de ser da nossa ótima literatura
Abrilhantando o que sempre produz o cinema
Eleva sempre até o céu a nossa boa cultura.

## Minhas batalhas de cada dia

A cada dia uma batalha eu venço
Para no mundo continuar vivendo
Mesmo pensando como eu penso
E muito do que aprendo esquecendo

A maior batalha é contra mim mesmo
Uma vez que tenho muitos defeitos
E toda vez que saio por aí a esmo
Me deparo com muitos preconceitos

Ora ganho e ora perco batalha
Mas nunca perco toda a guerra
Procurando nunca ser canalha
Enquanto eu viver sobre a terra

Apesar das minhas tantas derrotas
Nunca perco o entusiasmo para lutar
Evitando dar ouvido a tantas lorotas
Que de muitos vivo sempre a escutar

Inimigos me atacam a todo instante
Quer esteja acordado quer dormindo
Mas nunca sentindo-me insignificante
Mesmo quando estão me perseguindo

Às vezes um leão por dia eu mato
Para ter que continuar sempre vivendo
Fazendo o que faço me acham chato
Só porque o melhor estou querendo

Por ser quem eu sou um privilegiado
Porque ensino a outros a arte de lutar
Em busca de um conhecimento refinado
Muitos me criticam visando me rebaixar

Se até aqui tanta gente já pude ajudar
Foi por obra e graça de Nosso Senhor
Que em tantas batalhas quis me apoiar
Pra que na vida eu ensinasse seu amor

Estando e saindo de casa a Deus eu peço
A proteção dos seus santos e sua graça
Porque o tamanho das tentações eu meço
Sabendo que sem ela eu caio em desgraça

De tudo sairei ileso e em tudo mui vitorioso
Pois confio nesse ser supremo que me ama
Que não me castiga mas é mui misericordioso
Até mesmo quando estou atolado na lama.

## Só se vê bem com a alma

Os olhos do corpo só veem por fora
Enquanto a alma vê por dentro
Eles fixam apenas no aqui e no agora
Enquanto ela aprofunda no sentimento

Os olhos são apenas pelo senso comum
Enquanto a alma é por uma reta ciência
Eles não possuem conhecimento nenhum
Enquanto ela tem até mesmo sapiência

Os olhos se deixam levar pela aparência
Mas a alma esperta que é nunca deixa, não
Eles precisam que lhes tenham clemência
Ela está até mesmo acima da própria razão

Os olhos são filhos e escravos da imagem
Enquanto a alma é mãe da visão onírica
Eles nos deixam pouquíssima mensagem
Ela nos deixa até mesmo visão paradisíaca

Os olhos nos confundem no que avistam
Enquanto a alma vai até mesmo muito além
Eles mui facilmente aos outros conquistam
Ela só conquista a quem de fato lhe convém

Sem avistar objetos os olhos cegos são
Já a alma muito enxerga sem nada ver
Pois eles são impulsionados pelo coração
Já ela está acima até do meu próprio ser

Os olhos do corpo não passam de lamparina
Entretanto a alma é mais do que um sol grande
Eles apenas é a parte física que nos ilumina
Mas ela iluminando tudo sua luz se expande

Com a fraca luz dos olhos podemos até cair
Mas com a forte luz da alma jamais cairemos
Eles não são capazes de às tentações resistir
Ela não permite que façamos o que queremos

Os olhos carnais não merecem nossa confiança
Porém os olhos espirituais merecem com razão

Aqueles até nos fazem perder nossa esperança
Enquanto estes podem nos dar até a salvação.

## Ser criança é ser potente

Ser criança é ser muito potente
Repleto de muitas possibilidades
Podendo vir a ser bem de repente
Uma pessoa de muitas qualidades

Ser criança é ser muito criativo
Podendo fazer na vida maravilhas
Usando seu potencial imaginativo
Para que outros sigam suas trilhas

Ser criança é nunca na vida morrer
Ainda que velho venha um dia ficar
Para que o mundo possa rejuvenescer
E a esperança nunca venha a se acabar

Ser criança é ver com olhos de Deus
Tudo e todos que estão ao seu redor
Sabendo que em Cristo são irmãos seus
Só desejando-lhes o que há de melhor

Ser criança é viver já aqui o paraíso
Antecipando-o em tudo o que fizer
Sem vir a temer a Deus como um juízo
Mas guiado por Ele fazer o que quiser

Ser criança é viver um conto de fada
Sendo o que são sonhos e imaginação
Sabendo que aqui tudo tão cedo acaba
Mas em Deus tudo tem sua continuação

Ser criança é acima da média sábio ser
Nunca se contentando com o que se sabe
Sempre pronto para algo logo aprender
Ainda mesmo que o céu na terra desabe

Ser criança é ser um pai para si mesmo
Procurando guiar-se pelo bom caminho
Sem nunca ter que sair por aí a esmo
E da sua estrada tirar pedra e espinho

Ser criança é ser para adultos ternura
Sendo de Deus sinal e presença na terra
Para que o homem não caia na loucura
De no mundo ficar só fazendo a guerra

Ser criança é ser ao Cristo semelhante
Seu próximo como a si mesmo amando
E a ele dedicando-se de forma constante
Ainda que na cruz o acabem crucificando.

# Deus está vivo

Deus está vivo pois existe a vida
Testemunhando que Ele não morreu
E sendo para nós ponto de partida
A presença do sol que lindo nasceu

Deus não morreu e nem morrerá
Porque da vida é absoluto Senhor
E ninguém aqui jamais o matará
Porque não se pode matar o amor

Deus é Senhor da vida pois é imortal
E se assim não fosse Deus não seria
O universo preenche de forma total
Possibilitando em tudo haver harmonia

Deus viverá aqui e por toda eternidade
Ainda que tudo o mais venha a morrer
Porque Ele possui em si a imortalidade
E já que a vida é a essência do seu ser

Deus não morre pois é o nosso Criador
Do universo e de tudo que nele contém
Demonstrando grandeza e esplendor
Agindo aqui sem ter que sair do além

Deus não pode estar morto como se diz
Pois sua presença é mais do que evidente
Não deixando nossa vida ficar por um triz
Uma vez que Ele é o único que é Onipotente

Deus morrendo morre toda a criatura
Já que é Nele que ela está vivendo
De forma equilibrada e sem loucura
Pois dele o que precisa está recebendo

Deus na pessoa de Jesus morreu
Mas milagrosamente logo ressuscitou

E prova do seu poder ele nos deu
Fazendo calar a quem que o matou

Deus está morrendo a todo instante
Na pessoa daquele que é injustiçado
Mas também ressuscita sempre triunfante
Naquele que tem seu direito respeitado

Deus diariamente está nascendo
Em cada criatura que está a nascer
Mas também sempre está morrendo
Naquele que não quer se converter.

## Perguntas que não querem se calar

Será que todos tão logo morreremos
Uma vez que o planeta está doente
E sem remédio não nos curaremos
De cada doença que surge de repente?

Será que seremos todos extintos
E aqui não morará mais ninguém
Não tendo o que comer e famintos
Tão logo iremos parar lá no além?

Será que o apocalipse se cumprirá
Havendo uma hecatombe nuclear
Quando a terra então colisará
Para todo ser vivente vir a matar?

Será que aqui será só um deserto
Sem ninguém morando na terra
Ficando apenas um silêncio eterno
Sem nenhum barulho de guerra?

Será que nem ETs virão aqui morar
Por se acharem num lugar melhor
Tomando a iniciativa de aqui repovoar
Temendo com isso levarem a pior?

Será que nem Deus aqui fará nada
Deixando tudo como era bem antes
Já que a terra tem sido sua amada
Deixando-a sempre sem habitantes?

Será que terá graça nossa destruição
Se somos tão importantes para Deus
Considerados "os reis da sua criação"
Os mais importantes dos seres seus?

Será que Deus começará tudo de novo
Tendo uma santa paciência de esperar
Que o homem saia da caverna e vire povo
Para a terra inteira vir de novo a povoar?

Será que o paraíso desejado não virá
Muito pelo contrário virá é o inferno
Quando o Apocalipse então se cumprirá
Com todos vindo a dormir o sono eterno?

Será que o homem não irá vir a impedir
O superaquecimento e com ele sua morte

Fazendo com que ele venha a se extinguir
Decidindo de vez o fim da nossa sorte?

## Tenho ideias querendo ser praticadas

Tenho ideias querendo ser praticadas
Já que importância e valor elas têm
Não podendo ficar apenas registradas
Uma vez que poderão vir a fazer o bem

Tanto o que escrevo estando acordado
Quanto o que recebo quando dormindo
Serve para fazer o mundo ficar mudado
Mudando o que alguns estão sentindo

Minhas poesias ótimas ideias contém
Assim como cada música ou sonho
Pois como já me sinto aqui um alguém
Para os outros algo de bom proponho

Não escrevo apenas por mero prazer
Mas para expor o que do mundo penso
Pretendendo algo de bom por ele fazer
Demonstrando ter por ele amor imenso

Para cada ideia que à mente me vem
Falta quem a possa de fato praticar
Usando os recursos que convém
Para fazê-las capaz de o mundo mudar

Tenho ideias porém não tenho dinheiro
O que me deixa de certa forma impotente
Para fazer mudar até o mundo inteiro
Já que modéstia à parte sou inteligente

Queria poder desenvolver meu potencial
Para mais e mais boas ideias vir a ter
Mas infelizmente me falta muito capital
O que me impede de até famoso vir a ser

Há quem até em PhD já tenha se formado
Adquirindo toda espécie de conhecimento
Mas eu apenas a Filosofia tenho cursado
O que é pouco para o meu desenvolvimento

Como posso competir com quem é doutor
Se ele é alguém que tem muitas habilidades
E eu alguém com ideias sem quem dê valor
Competindo num mundo de tantas maldades?

Se pelo menos alguém pudesse ter acesso
A tudo o que escrevi escrevo e escreverei
Talvez minhas ideias tivessem progresso
Sendo útil a alguém o que no papel deixei.

## Nossa mãe do céu Aparecida

A nossa mãe do céu Aparecida
Às margens do Ipiranga apareceu
Nos trazendo uma mensagem de vida
O povo negro da escravidão socorreu

Foi constatado que por ela milagres Deus fez
E o principal foi acabar com a escravidão
Para que negros tivesse salário e honradez
Direitos de todo ser humano e cidadão

Junto com a Abolição veio a Independência
Desse nosso tão amado país chamado Brasil
Porque ela do povo teve muita clemência
Incitando-o a lutar de forma muito varonil

Junto ao pai ela por nós muito intercedeu
Nos momentos críticos da nossa História
De forma que uma basílica até mereceu
Para todos nela cultivarem sua memória

Noite e dia por muitos ela é bem venerada
Por todos que a ama de alma e de coração
No Brasil todo foi, é e sempre será idolatrada
Por todos que sempre lhe têm muita gratidão

Mesmo sabendo que outros nomes ela tem
O povo a chama de "Nossa Mãe Aparecida"
Como sendo o nome que melhor lhe convém
Por tudo que ela tem feito em nossa vida

Mesmo quando ditadores nos governaram
Ela jamais deixou de nos proteger
De forma que no poder eles não ficaram
E o nosso povo viu um novo dia nascer

De muitos males ela já muito nos defendeu
Sobretudo de terremotos e até de guerra

Não deixando que nosso povo fique ateu
Mas o mais cristão católico da Terra

Mesmo apesar de haver tanta corrupção
No nosso país ela se faz sempre presente
Com a Igreja buscando uma solução
Vinda do Espírito Jesus e do Pai Onipotente

O nosso futuro estará sempre em suas mãos
E a ela a nossa vida sempre nós entregamos
Nos considerando dela filhos e mesmo irmãos
Às suas mãos com muita fé nós agarramos.

## Meu passarinho

Meu passarinho sai por aí voando
Passeando para onde bem quiser
Em qualquer galho vai pousando
Sem dar satisfação pelo que fizer

Meu passarinho é muito peralta
E pelos campos da vida livre voa
Às vezes pousa em árvore bem alta
Às vezes pousa até dentro de pessoa

Meu passarinho gosta de aventuras
E à noite ele sempre sai da sua gaiola
Para fazer peraltices e até loucuras
Mas nunca se esquece de vir embora

Meu passarinho adora cantarolar
Tanto dentro quanto fora da gaiola
Procurando sempre à vida alegrar
Atuando com maestria e sem enrola

Meu passarinho tem uma grande alma
A qual se sente do tamanho do mundo
E visando obter para ela a sua calma
Roga a Deus com sentimento profundo

Meu passarinho às vezes se angustia
Ao ver por aí à fora tanta desgraça
Mas como nele nunca morre a alegria
Ele canta e tudo logo então se passa

Meu passarinho ficar preso detesta
Mas sempre cumpre as leis existentes
E mesmo quando sai livre pela floresta
Procura não fazer atos maledicentes

Meu passarinho é sábio por natureza
E procura se comportar com sabedoria
Sempre fazendo tudo com esperteza
Estando com tudo e todos em harmonia

Meu passarinho o seu voo aperfeiçoa
Para de seus rivais não vir a ser presa
E também poder voar pela mata numa boa
Sem ter que de repente ter má surpresa

Meu passarinho quer para o céu voar
Mas sabe que como Ícaro pode vir a cair

Então ele na terra tem mesmo que ficar
Até que ir para lá Deus possa lhe permitir.

## Minha borboleta

Minha borboleta antes era só uma lagarta
Depois num lindo casulo se transformou
Após de excelentes nutrientes estar farta
Neste paraíso de Deus livremente penetrou

Minha borboleta sai por aí beijando flores
De todas as plantas de jardins e florestas
Para tudo e todos ela espalha seus amores
Fazendo neste mundo maravilhosas festas

Minha borboleta enfeita os jardins da vida
Assim como o arco-íris com suas sete cores
Procurando ser de tudo e de todos querida
Servindo como terapia para tirar suas dores

Minha borboleta voa sem temer ser devorada
Por seus rivais famintos seja lá ele qual for
Importando a ela ver a vida sempre enfeitada
Pelo brilho e encanto provindo de sua linda cor

Minha borboleta penetra o íntimo do meu ser
E aí descobre o que há de mais lindo em mim
De forma que a cada noite ela vem me dizer
Quem sou eu e até mesmo qual será o meu fim

Minha borboleta tem uma rara inteligência
A qual demonstra-me em tudo o que ela faz
Fazendo tudo sempre com muita excelência
De forma que ela prioriza sempre a minha paz

Minha borboleta pela vida é muito gamada
E por ela de tudo é capaz até de a vida dar
Para que a mesma do mal seja preservada
Podendo até mesmo aqui vir a se eternizar

Minha borboleta escarafuncha todo o universo
Penetrando no mais íntimo de tudo que existe
Possibilitando-me cantar em prosa e em verso
Tudo aquilo que me faz a cada dia ficar triste

Minha borboleta penetra até mesmo no além
E com quem já partiu proseia sempre numa boa
Fazendo ou dizendo sempre o que lhe convém
Sem nunca se preocupar se bem ou mal isso soa

Minha borboleta sabe que terá que um dia partir
À lei da metamorfose eterna sempre obedecendo
Quando ela terá que uma terrível dor vir a sentir
Mas crendo que noutra dimensão estará vivendo.

## O que fui o que sou e o que serei

O que fui só me traz saudade
O que sou me deixa contente
O que serei me foge à realidade
Nesta trilogia me sinto contente

O que fui eu não mais serei
O que sou tão logo se mudará
O que serei eu ainda não sei
Mas a resposta um dia chegará

O que fui ficou na lembrança
O que sou um dia eu desejei
O que serei me traz esperança
De realizar o que sempre sonhei

O que fui me traz recordações
O que sou me leva a sonhar
O que serei me traz ilusões
Com a sorte sempre a contar

O que fui já ficou para trás
O que sou ainda não me realiza
O que serei é um sonho fulgaz
Do qual não tenho medida precisa

O que fui um dia desejei vir a ser
O que sou ainda não me satisfaz
O que serei só me leva a temer
O que até me faz perder a paz

O que fui não me deixa tão orgulhoso
O que sou me deixa com interrogação
O que serei quem sabe é o Poderoso
Que tem o meu destino na sua mão

O que fui perdeu-se lá no passado
O que sou bom tempo há de durar

O que serei para mim está reservado
Embora só o terei se eu o buscar

O que fui por um tempo me satisfez
O que sou fica muito a me desejar
O que serei fica entre o sim e o talvez
Dependendo das atitudes que eu tomar

O que fui por certo tempo me preencheu
O que sou preenche mas não completamente
O que serei realmente ainda não me aconteceu
Embora Deus já o sabe dentro da sua mente.

## A flor que mais cheira

A flor que na terra mais cheira
É a saúde que possamos vir a ter
Desfrutando paz a vida inteira
Sem ter muito que vir a sofrer

Tendo saúde podemos trabalhar
Fazendo tudo com entusiasmo
Sem ter nada para vir a reclamar
Evitando todo e qualquer marasmo

Doença tem cheiro de morte
E tendo-a só temos tristeza
Pondo em jogo a nossa sorte
Tirando toda a nossa beleza

Quem quiser vir a muito viver
Tem que pela saúde bem zelar
Não tendo que tão cedo vir a morrer
E tão pouco da vida desfrutar

Ter saúde é ter uma longa vida
Podendo desfrutar as coisas boas
Para problemas encontrando saída
Na convivência com outras pessoas

Ter doença é uma vida curta vir a ter
Sem nem sequer seus sonhos realizar
Sujeito a muitas coisas vir a perder
Sem seus projetos vir a concretizar

Quem tem boa saúde vive muito e bem
Quem não a tem vive muito pouco e mal
Não sendo o que se quer ou se convém
Tendo um destino trágico ou muito fatal

Ter saúde é ter paz e mesmo felicidade
Vivendo longos anos em abundância
Esperando com fé ir para a eternidade
Não fazendo o que Deus tem discordância

Não ter saúde é estar sujeito a morrer
Sem ter realizado um plano ou projeto
Que por acaso algum dia se possa ter
Desviando-se assim do seu real trajeto

De todas as flores que há na natureza
A saúde é de fato a mais maravilhosa

Que nos faz ter até uma imensa beleza
Levando uma vida feliz e muito honrosa.

## Desejos sonhos e ilusões

Desejos sonhos e mesmo ilusões
Povoam o coração do ser humano
Que é sempre vítima de decepções
E na vida sempre entra pelo cano

Desejando o homem perde a paz
Sonhando ele foge da realidade
Tendo ilusões nada lhe satisfaz
As três coisas lhe tiram a felicidade

Mas sem desejar o homem é impotente
Não sonhando fica neurótico-acomodado
E sem ilusões de tudo fica até descrente
Ao ponto de ficar até mesmo um alienado

Quem deseja corre atrás do que quer
Quem sonha tem vontade de realizar
Quem ilude-se sempre fazendo o que der
Tem chance de com a sorte poder contar

A vida pertence sempre àquele que sonha
Desejando dela o que há de bem melhor
E para o que der e vier sempre se disponha
Tendo ilusões sem temer o levar só a pior

Ter ilusões é poder nos seus sonhos viajar
Contando que os sonhos concretizem desejos
Para das vãs ilusões poder vir a se libertar
Tendo na vida sempre os melhores ensejos

Sonhar é com Deus poder vir a se parecer
Tornando-se real o que para uns é ilusão
Até o impossível desejando poder fazer
Voando nas asas da alma e do coração

Desejar é querer executar a sua vontade
Sonhar é o desejo poder vir a potencializar
Saindo da ilusão para galgar a felicidade
Sem ter que pelas ilusões vir a se alienar

"Pobre de desejo rico de contentamento"
Diz o ditado com muita maestria e precisão
Sem sonho não há sequer contemplamento
Sem desejos ou sonhos não há realização

Somos inquietos porque sempre desejamos
Sonhando transformamos todo o nosso ser
Tendo ilusões jamais nós nos desesperamos
Sem darmos mesmo bola para o nosso sofrer.

## O valor da minha alma

O real valor da minha alma
É um valor sempre eterno
Por ela Jesus perdeu a calma
Para ela não ir para o inferno

Minha alma algo de Deus tem
Porque por ela Jesus morreu
Para resgatá-la daqui para o além
Para viver eternamente do lado seu

Criada imagem e semelhança de Deus
Minha alma tem absoluto valor
Por todos os atributos seus
Dele merecendo eterno amor

Jesus não morreu pelo mundo
Porque ele uma alma não tem
Mas minha alma de valor profundo
Por ela Ele morreu para seu bem

Se não tivesse um valor imenso
Por minha alma Jesus não morreria
Passando por um sofrimento intenso
Vítima da mais terrível tirania

Para vir a ter o céu por sua morada
Minha alma mereceu a morte de Jesus
Que por Deus é mais do que amada
Para que ela contemplasse a sua luz

Um dia desencarnada e no paraíso
Minha alma poderá saber o seu valor
Já que dela Jesus não tirará seu juízo
Porque dela é um amigo Pai e Senhor

Por morrer de forma tão violenta
Apenas por minha alma amor provar

De uma forma até mesmo ciumenta
Jesus merece que ela venha lhe amar

Ninguém mais para me salvar morreu
E nem passou tudo o que Jesus passou
Nunca de nada disso Ele se arrependeu
Porque o Pai a Ele um dia ressuscitou

Só me resta a Jesus sempre agradecer
Por ter demonstrado tanto amor por mim
Sofrendo o que eu é quem teria que sofrer
Fiel a Deus Pai permanecendo até o fim.

## Meu amor por ti é imenso

O meu amor por ti é imenso
É mesmo do tamanho do mar
Noite e dia em você eu penso
Como é que posso te agradar

Te amo de todo meu coração
E não quero nunca te perder
Porque você é a minha paixão
E eu não desejo na vida sofrer

Te amar é mesmo muito gostoso
A melhor coisa de tudo que faço
E assim me sinto muito poderoso
Para ocupar bem o meu espaço

Sou feliz com você do meu lado
E de nada eu vivo a reclamar
Pois me sinto muito bem-amado
Vivendo noite e dia só a cantar

Minha vida com você é um paraíso
Mas sem você ela é um inferno
Chego até mesmo a perder o juízo
Pois te amo com um amor eterno

Sem ti minha vida é triste
Porque tu és a minha alegria
Para mim é que você existe
É a razão da minha harmonia

Você é de fato o meu céu
És tudo de bom para mim
A cura da amargura do fel
A felicidade que não tem fim

Em você tudo sempre me agrada
Até mesmo seu lindo jeito de ser
Sendo para mim a minha amada
Tudo de melhor que eu posso ter

Se algum dia eu a te perder vier
Eu nem sei mesmo o que irei fazer
Não te amarei em uma outra mulher
E jamais eu irei de fato te esquecer

Espero nunca deixar de te amar
Tendo você no meu coração

Durante o tempo que aqui ficar
Sentindo por ti grande paixão.

## O que será do nosso amanhã?

O que será mesmo do nosso amanhã
Se o nosso hoje não é nada promissor?
Espalha-se o pecado "fruto da maçã"
E aumenta-se o castigo do Senhor

Destrói-se toda a nossa natureza
Em nome e a serviço do capitalismo
Tirando-lhe tudo o que há de beleza
Por causa de um terrível sadismo

Mata-se aquilo que só gera a vida
Cultivando-se o que gera a morte
Para o mal não se busca uma saída
Extinção até pode ser a nossa sorte

Se fabrica muitos gases poluentes
E agrotóxicos que câncer produzem
Muitas coisas nos deixam dementes
E para o hospício muitos conduzem

Fabricam-se armas para se guerrear
Sendo elas potentes e mui sofisticadas
Com o intuito de aos homens matar
Ficando todas as cidades devastadas

Os vírus sofrem ou passam por mutações
Livrando-se dos venenos que lhes matam
Angústia e medo povoam nossos corações
E muitos por aí até mesmo enfartam

Há quem de quase tudo na vida se tem
Há quem na vida não tem quase nada
O que aquele faz de fato não se convém
E este na vida sempre só leva cabeçada

Donos do poder nos outros não pensam
Querendo só para eles toda a riqueza
De serem bons e generosos dispensam
Sendo dos pobres motivo de tristeza

O tráfico de drogas só mata cruelmente
Quem com ele se envolve ou se endivida
Fazendo vítima sobretudo o inocente
Que junto com culpados perde a vida

O terrorismo em toda parte se prolifera
Praticando atentados muito horríveis
E fazendo sempre o que faz a pior fera
Só comete suicídios e crimes incríveis.

## Você mora no meu coração

Você mora no meu coração
Assim como Deus no céu mora
Por ti tenho uma grande paixão
E espero que nunca vá embora

Você mora na minha alma
Assim como o peixe no mar
Nas dores me devolve a calma
Me levando a mais a amar

Você mora no meu espírito
Assim como a bactéria no ar
Por ti venço todo conflito
Para você nunca me deixar

Você mora mesmo na minha vida
Desde o dia em que eu a conheci
Para sempre serás minha querida
Por ti eu já até mesmo muito sofri

Para sempre comigo irás morar
Aonde quer que eu sempre for
De você vou sempre me lembrar
Como prova do meu grande amor

No seu coração sempre morarei
Porque nele me deixou entrar
De você nunca me esquecerei
Enquanto a minha vida durar

Na sua alma sempre estarei morando
Mesmo estando do seu corpo distante
Nos meus sonhos estarei te falando
Como sempre fala o mais fiel amante

No seu espírito fixarei minha morada
Para viver contigo aqui e lá no além

Porque és a minha eterna idolatrada
Como a você eu nunca amei ninguém

Na sua vida estarei sempre presente
Quer você queira quer queira não
Nos seus sonhos aparecerei sorridente
Toda vez que bater por mim seu coração

De ti eu nunca mesmo me esquecerei
Como boa mãe que do filho não esquece
Com um amor incondicional a amarei
Mesmo que digam que você não merece.

## O que hoje me entristece

O que hoje muito me entristece
É ver o jovem desinteressado
Que não estudando se emburrece
E para trás na vida será passado

Aonde poderá o jovem vir a chegar
Se ele não quer vir a aprender
Sua cara na vida virá a quebrar
E só muito tarde irá se arrepender

Às aulas não prestam atenção
Cabulando ou mesmo bagunçando
Agindo com falta de educação
Ainda diz aos pais estar estudando

Na escola tudo picha e destrói
Pouco lixando pelo que ele faz
Os cofres públicos ele só corrói
De toda a comunidade tira a paz

Facilmente às drogas ele adere
Até contribuindo com o tráfico
A alma da família sempre fere
Tendo sempre um destino trágico

Os bons exemplos nunca segue
Mas os maus segue rapidinho
Pôr em prática logo consegue
Desviando outros do bom caminho

Pratica o bullying a todo instante
Aloprando colegas e professores
Sempre sendo um sujeito arrogante
O tempo todo praticando horrores

Vai à escola só para de casa fugir
Ou então para as garotas paquerar
Mas engravidando-as não vai assumir
Pouco lixando que se elas vão se ferrar

Caso seja expulso pela direção
Em outra escola tudo ele repete
Sem escrúpulo e sem comiseração
Sem nunca abaixar o seu topete

As autoridades ficam até perplexas
Sem saberem o que podem vir a fazer

O ECA e as leis são muito complexas
E os problemas não ajudam a resolver.

## Saudades da minha infância

Ó que saudade da minha infância!
De tudo que nela pude desfrutar
Mesmo apesar de cada circunstância
Tenho bons motivos para me recordar

Minha mãe nem sequer conheci
Pois em um parto ela faleceu
Então com minha avó convivi
Até o dia em que ela morreu

Aos sete anos fui para a escola
Mas dela de fato nada eu gostei
Porque preferia era jogar bola
Hábito que nunca mais deixei

Para da escola ser dispensado
Eu fingia estar com dor de dente
Porém tão logo saía ressabiado
Para pescar e pilotar contente

Para pegar aves arapuca eu armava
Para assá-las na fogueira de São João
Com estilingue também eu as caçava
Mesmo que às vezes doía o coração

Em gaiolas canarinhos eu prendia
Com alçapão em árvores subindo
Ouvi-los cantar era minha alegria
De manhãzinha ainda quase dormindo

Com as garotas eu transava na capoeira
Às mesmas com os primos disputando
Tomávamos banho em uma cachoeira
Com muitas delas eu acabava namorando

Na roça com pai e manos eu trabalhava
Plantando milho abóbora, arroz e feijão
Mas com pouca chuva nada vingava
O que cortava muitíssimo o meu coração

Para meus estudos eu poder continuar
Aos treze anos minha família eu deixei
Indo com padrinhos em Poções MG morar
Quando pelo conhecimento me apaixonei

Em várias outras cidades do Brasil estudei
Quando ótimas amizades eu pude fazer
Até ao dia em que na PUC MG me formei
E a profissão de professor pude exercer.

## Quem me dera se...

Quem me dera se eu fosse um presidente
Para o meu Brasil poder vir a governar
Fazendo o meu povo muitíssimo contente
Podendo todos tudo de bom vir a desfrutar

Quem me dera se eu fosse um Rei
Para governar um grande império
Quem me dera saber mais do que sei
Para conhecer de Deus o mistério

Quem me dera se eu fosse um Papa
Para administrar a nossa Igreja
Quem me dera percorrer do mapa
Todo lugar onde quer que o povo esteja

Quem me dera se eu fosse um General
Para um grande exército comandar
Quem me dera poder vencer o mal
Para no mar da vida não naufragar

Quem me dera se eu fosse um sábio
Para a muita gente vir a ensinar
Quem me dera usar bem meu lábio
Para lindas palavras pronunciar

Quem me dera na megasena ganhar
Para muito dinheiro eu poder vir a ter
Quem me dera muito poder comprar
E de necessidade não vir a sofrer

Quem me dera ter mesmo muita sorte
Para bem-sucedido eu poder vir a ser
Quem me dera mesmo escapar da morte
Podendo por muitos anos vir a viver

Quem me dera se eu fosse bem famoso
Para lindas moças vir a conquistar

Quem me dera ser muitíssimo poderoso
Para ninguém ter que vir a me humilhar

Quem me dera viver sempre e em paz
Para a paz também poder vir a espalhar
Quem me dera ter tudo que me satisfaz
Para o meu coração vir a se aquietar

Quem me dera ser alguém bem iluminado
Para aos outros poder também iluminar
Quem me dera se eu não tivesse pecado
Para a minha alma poder vir a se salvar.

## Perguntando

Por que esse mundo é assim
Quando poderia ser diferente?
Por que acontece coisa ruim
Até mesmo com o inocente?

Por que se matam por quase nada
Quando poderia vir a salvar?
Por que nesta vida tudo acaba
E não se sabe aonde vai parar?

Por que o homem faz a guerra
Se é bem melhor manter a paz?
Por que o homem destrói a terra
Se ela apenas sempre lhe satisfaz?

Por que se pratica a corrupção
Em nome da ambição-ganância?
Por que se destrói uma nação
Destruindo os sonhos da infância?

Por que há tantas religiões
Se há apenas um só Deus?
Por que há tantas divisões
Se Cristo veio unir aos seus?

Por que a vida é um mistério
Que em tudo só nos intriga?
Por que vamos parar no cemitério
Sentindo no coração tanta fadiga?

Por que o céu é tão estrelado
Havendo na terra tanta escuridão?
Por que há aqui tanto pecado
Se temos o privilégio da razão?

Por que Deus no céu mora
Ficando de nós tão distante?
Por que de saudade o homem chora
Sobretudo se é um bom amante?

Por que sendo Deus Jesus morreu
Criador vítima de sua criatura?
Por que o homem ainda não aprendeu
Que tirar a vida é uma loucura?

Por que temos tantas perguntas a fazer
Com tão poucas respostas para dar?

Por que temos tanto que vir a sofrer
E tão pouco que vir a de fato gozar?

## Tenho medo

Tenho medo de dor de dente
Bem como de tomar injeção
Tenho medo de ficar demente
Assim como de perder a razão

Tenho medo de fantasma
Bem como de vampiro
Tenho medo de ter asma
Assim como do último suspiro

Tenho medo de ladrão
Bem como de bala perdida
Tenho medo de assombração
Assim como de perder a vida

Tenho medo de policial
Bem como de traficante
Tenho medo de marginal
Assim como de sujeito errante

Tenho medo de ditador
Bem como de tirano
Tenho medo do terror
Assim como de ter engano

Tenho medo de não ter sorte
Bem como de ter azar
Tenho medo da morte
Assim como de você me matar

Tenho medo de mal olhado
Bem como do invejoso
Tenho medo de cometer pecado
Assim como de ferir ao Todo poderoso

Tenho medo de feiticeiro
Bem como do traidor
Tenho medo de não ter dinheiro
Assim como de não vir a ser credor

Tenho medo de acidente
Bem como da fatalidade
Tenho medo do prepotente
Assim como da sua atrocidade

Tenho medo do inferno
Bem como da condenação
Tenho medo do castigo eterno
Assim como da perdição.

# O homem perfeito

O homem mais que perfeito
Aceitou Jesus se chamar
Ele combateu o preconceito
Na cruz morreu para nos salvar

Todo o mal ele sempre venceu
Vivendo sempre com perfeição
Nenhum pecado ele cometeu
Merecendo de Deus a ressurreição

Dos inimigos sempre se safou
Quando bem quis se entregando
A todos o Evangelho Ele pregou
De muitos males os libertando

Nos disse que Deus é bom Pai
E que Nele Ele está presente
Por Ele a Deus é que se vai
Se se vive de forma consciente

Nos revelou o Reino do céu
Que aos grandes foi escondido
Por séculos envolto em um véu
E na terra por ele foi estabelecido

Muitos milagres ele aqui fez
À quem que nele acreditava
Os desejos de muitos satisfez
E a alguns Ele até ressuscitava

Transformou água em vinho
No dia de um certo casamento
Se diz ser do céu o caminho
E deu seu corpo como alimento

Enfrentou a tirania dos poderosos
Em defesa dos direitos humanos

Desmascarou os inescrupulosos
Sempre criticando aos tiranos

Por amor entregou a sua vida
Para com o Pai nos reconciliar
E na hora da sua triste partida
Garantiu-nos que um dia irá voltar

Para continuar conosco na terra
Instituiu a nossa tão amada Igreja
Não como um exército a fazer guerra
Mas para servir ao povo onde ele esteja.

## O Brasil passado a limpo

O Brasil passado a limpo
É o que todos nós queremos
Pois vivemos num labirinto
No atual momento que vivemos

Tomou de conta a corrupção
Praticada pelos governantes
Motivo para nós de decepção
Ocorrendo em todos os instantes

Nosso voto foi desrespeitado
Por aqueles que nós elegemos
O povão ficou muito frustrado
E não é isso que nós queremos

Nos sentimos todos muito traídos
Por aqueles em quem confiamos
Agora estamos todos aborrecidos
Diante de tudo que constatamos

Do vereador ao presidente
Todos políticos estão suspeitos
Nosso povão está descontente
Com todos que foram eleitos

Nossa pátria está sendo prostituída
Por quem dela muito se considera filho
Chamando-a de "pátria-mãe querida"
Mas na prática não mostra seu brilho

Até em cueca dinheiro foi achado
E enorme quantia foi parar no exterior
O culpado por isso não foi encontrado
A ética aqui já perdeu o seu real valor

Foi feito um pacto por nome mensalão
Para comprar voto com nosso dinheiro
O que resultou até mesmo em cassação
De quem até entre muitos era o primeiro

A polícia federal alguns logo prendeu
Mas tão logo a justiça já os soltou
Nossas dúvidas ela não esclareceu
Não fazendo jus ao cargo que ocupou

Nossa nação tem o futuro comprometido
Nosso povo perde a sua esperança

Nosso país ficou todo corrompido
Governantes com o diabo faz aliança.


## Beba Satanás do seu próprio veneno

Beba Satanás do seu próprio veneno
E não queira a ninguém envenenar
Diante de Deus você é pequeno
E não tem poder para nos atacar

Fique para sempre no seu inferno
Onde Jesus um dia te precipitou
Pois nós amamos ao Deus eterno
Que em Jesus Cristo nos salvou

Dia e noite você nos persegue e tenta
Só procurando sempre nos matar
Mas a graça de Deus nos sustenta
Não te deixando de nós se aproximar

Do mundo todo você sempre tira a paz
Semeando ódio em muitos corações
Mostrando o quanto és tão mordaz
Levando-os a grandes destruições

A muitos inspiras ideias maléficas
Para apenas o mal virem a fazer
Deixando de lado ideias benéficas
Se tornam tiranos no uso do poder

Levas muitos a serem terroristas
Para matarem até os inocentes
Jogando cristãos contra islamitas
Atando-os às suas atrozes correntes

O que Jesus fez queres desfazer
Principalmente à sua Igreja destruir
Mas mais que você ele tem poder
E isso jamais a você vai permitir

Como a índole de Deus é amar
Querendo que vida nós tenhamos
A sua índole é sempre nos odiar
Torcendo para que nos destruamos

Por Deus foste expulso do paraíso
E agora de entrar nos tenta impedir
De nós fazendo um injusto insano juízo
Querendo que venhamos a nos sucumbir

Até Deus em Jesus você um dia matou
Para conta deste mundo você vir a tomar
Porém Deus gloriosamente O ressuscitou
Para na parusia também a nós ressuscitar.

## A vida que eu não vivi

Papai do céu sonhou o melhor para mim
Mas não quiseram que um dia eu nascesse
Na minha frágil vida deram logo um fim
Ainda que eu a isso de fato não merecesse

O melhor da vida para mim eu queria
Desfrutando tudo que ela de bom tem
Mas morri foi sentindo muita agonia
Sem ter o prazer de vir a ser alguém

Eu queria ser como toda criança
Ter papai mamãe e poder brincar
Mas tiraram a minha esperança
Quando decidiram me abortar

Eu queria estudar e ter uma profissão
Para poder vir a transformar o mundo
Porém dilaceraram o meu coração
Tirando o que tenho de mais fecundo

Eu queria casar-me e até filhos ter
Para educá-los com carinho e amor
Mas não me deixaram isso merecer
Contrariando a vontade do Senhor

Planejei ser alguém de sucesso
Em tudo o que pudesse vir a fazer
Mas quiseram só o meu regresso
Me tirando tudo o que dá prazer

Sonhei até fazer coisas impossíveis
Para fazer felizes todas as pessoas
Mas comigo fizeram coisas horríveis
Quando poderiam fazer coisas boas

Quem me matou usou de tirania
Não tendo para comigo compaixão

Tirando assim toda a minha alegria
Bem como o direito de ser cidadão

Mais do que Deus eles quiseram ser
De viver no mundo me impedindo
Assim usando e abusando do poder
Não ligaram se estavam me destruindo

Mesmo apesar de terem me matado
Quero perdoá-los de todo meu coração
Em nome do Senhor Jesus crucificado
Para que eles possam ter a salvação.

## Voando nas asas das emoções

Voando nas asas das minhas emoções
Eu me transformo completamente
Navegando nas minhas imaginações
Como peixe nadando na minha mente

Como a um fantasma vou a toda parte
Porque indo por aí ninguém me barra
Saindo daqui e viajo lá para marte
E com todos os seres eu faço farra

Saio de mim mas em mim ficando
Não sendo eu mas de fato sendo
A todo instante me transformando
À noite sobretudo amanhecendo

Sou ator diretor e mesmo cenário
De tudo o que a mim diz respeito
Sempre faço valer meu imaginário
Sendo tudo como num filme perfeito

Em vários personagens me transformo
Mas sem jamais deixar de ser mesmo eu
Com muitas coisas eu não me conformo
E amo o menino que em mim não morreu

Quer sinto alegria quer mesmo tristeza
A minha vida sempre eu vou levando
Ficando maravilhado com a beleza
De tudo que eu vou comtemplando

Amar e ser amado me faz muito bem
Mais ainda do que comer ou beber
Vivendo sozinho não sou ninguém
Com amor e amigos eu tenho poder

Minha alma é maior do que o mundo
Pena que dentro do corpo é limitada
Mas com ele tem sentimento profundo
Principalmente se estiver apaixonada

Nem sequer posso me conter em mim
Sobretudo quando penso em quem sou
Um ser complexo e que aqui tem um fim
Sendo assim porque quis quem me criou

Maravilho-me com tudo o que sinto
Com tudo que me traz meus sentidos

Escondo no mais íntimo do meu recinto
Mas me descobrem os entes queridos.

## Somos um frágil vaso de barro

Somos um frágil vaso de barro
Sujeito a se quebrar se vier a cair
E ainda nos tirarem o sarro
Sem a nossa desgraça sentir

Já nascemos mesmo muito sofrendo
Prevendo a morte que nos aguarda
Tão de repente estaremos morrendo
Mesmo que fiquemos na retaguarda

Até a fatalidade poderá vir a nos vitimar
De forma cruel e até mesmo impiedosa
Sem ter quem dela possa vir a nos salvar
Já que como Deus ela é muito poderosa

A todo instante nos vem perseguições
Ou até mesmo de Deus seus castigos
Nos atraindo sempre muitas tentações
E com elas as ciladas dos inimigos

De nada poderemos escapar
Se Deus Pai conosco não estiver
Qualquer coisinha pode nos matar
A não ser se Ele isso não quiser

Até mesmo nossa alma é muito frágil
Estando ela sempre ao corpo sujeita
Sobretudo se não age no tempo hábil
Provando que mais que ele é perfeita

De todos os lados o mal nos vem
Pronto para com nossa vida acabar
Nos mandando logo lá para o além
Sem que da vida possamos desfrutar

Afinal a vida é um precioso tesouro
Que nem grana nem nada não a paga
Ela vale muito mais do que todo o ouro
Valendo a pena termos aqui nossa saga

O mais importante é nos precavermos
Para nossa vida não virmos a perder
Procurando por ela tudo fazermos
Tratando de a todos os desafios vencer

Só Deus para nos permitir muito viver
Não permitindo que vítima sejamos
De tudo que pode nos levar a falecer
Se por acaso nós a Ele desprezamos.

## Pequei, Senhor

Pequei, Senhor meu Pai e Deus
Quando não deveria ter pecado
Por cuidar bem dos passos meus
E eu não ter de fato te respeitado

Pequei muito não te obedecendo
E a sua lei divina não praticando
Mesmo o Senhor não merecendo
De pecar até acabei gostando

Pequei só porque quis pecar
Pois sobre a verdade eu sabia
Mas preferi não a considerar
Mesmo sabendo que te ofendia

Pequei por uma mera vaidade
Deixando me dominar o coração
Me esquecendo da eternidade
E sobretudo da minha salvação

Pequei e permiti que pecassem
Àqueles com quem eu convivo
Sem lhe pedir que te amassem
Sendo que és o único Deus vivo

Pequei não apenas por ignorância
Mas por livre decisão de isso fazer
Não tendo com muitos tolerância
E até mesmo fazendo-os sofrer

Pequei como quem é muito maldoso
Quando poderia agir com bondade
Me esquecendo que és misericordioso
E somente queres a minha felicidade

Pequei até mesmo de forma banal
Sendo de fato muito irresponsável

Não me precavendo contra o mal
Contando com seu poder admirável

Pequei sendo contigo muito injusto
Já que só o bem o Senhor me faz
Não reconhecendo o meu custo
Já que Jesus morreu pela minha paz

Pequei por minha deliberada decisão
De ofender e magoar mesmo ao Senhor
Renovando as dores de Jesus na paixão
Me esquecendo do seu grande amor.

## Mensagem aos formandos do Lustosa 2007

Meus queridos ex-alunos do Lustosa,
Que agora o E.M. acabam de concluir
Para trás fica essa temporada gostosa
E para frente vocês irão prosseguir

Iremos sentir a falta de vocês por certo
Por todo esse tempo no qual convivemos
Mas acreditem que estareis bem por perto
Pois de vocês sempre nos lembraremos

Saibam que vocês também nos ensinaram
Cada um a seu modo com seu jeito de ser
As nossas vidas vocês até transformaram
E de vocês jamais iremos nos esquecer

Foi penoso e difícil até aqui chegarmos
Tendo que nos tolerarmos mutuamente
Mas o que importa agora é comemorarmos
Com o diploma na mão e o saber na mente

Aos seus familiares agradecidos sejam
Por toda a ajuda que a vocês eles deram
Para que todos do mundo a vocês vejam
Realizando os objetivos a que se propuseram

Saibam que na infinita escada do saber
Vocês apenas mais um degrau subiram
Pois vocês têm muito ainda que aprender
Com todo esse saber que já adquiriram

Por vocês existe muita gente esperando
E vos aguarda um futuro muito brilhante
Procurem-no sempre bem se preparando
Para que tenham um amanhã triunfante

Pelas drogas nunca se deixem levar
Muito menos pela preguiça e alienação
Sejam fortes pedindo a Deus para ajudar
Sempre buscando forças na oração

Como Sócrates a amou amem a sabedoria
Lendo estudando e até muito escrevendo
Assimilando bem as Ciências e a Filosofia
Para que em tudo na vida saiam vencendo

Sejam vocês os futuros líderes do Brasil
Que está hoje sendo vítima da corrupção

Defendam os direitos desse povo varonil
Atuando com muita garra e determinação.

## No dia em que eu partir...

No dia em que eu partir...
Quero saudades deixar
Por ter feito alguém sorrir
E a ninguém não feito chorar

Quero que lembrem-se de mim
Por tudo de bom que eu fiz
Sabendo que tudo tem um fim
Mas o objetivo aqui é ser feliz

Não quero que por mim chorem
Porque morrer da vida parte faz
Quero que por mim muito orem
Para eu vir a encontrar a paz

Quero ter cumprido minha missão
Sendo diferente do que hoje sou
Conseguindo dos vícios libertação
Deixando para trás o que se passou

Espero que tenha semeado o bem
E que ele tenha bem se frutificado
Sendo útil aqui como se convém
E a muita gente por aí ajudado

Não quero só em vão ter vivido
Mas como quem bem a vida gozou
Lutando para ser muito querido
Por todo lugar que meu pé pisou

Não quero ser uma decepção
Para minha família ou meu filho
Quero ser um grande cidadão
Para outros terem o meu brilho

Ficarei feliz por ser lembrado
Por todos que dizem me amar
Para que estando do outro lado
Um dia possam me reencontrar

Irei torcer por quem aqui ficar
Para que no dia que for partir
Vá logo correndo me abraçar
E comigo o paraíso puder curtir

Pedirei a Deus de todo coração
Para as portas do céu me abrir
De forma que tendo a salvação
Eu possa para sempre sorrir.

## Você me encanta

Você sempre e muito me encanta
Com o seu singelo jeito de ser
Te vendo minha alma se espanta
Até de mim tirando todo o sofrer

Seus olhos são tão formosos
Seus seios são favos de mel
Seus lábios são tão gostosos
A cura para o meu amargo fel

Como é bom eu poder te olhar
E a sua doce presença sentindo
Podendo sua formosura contemplar
Quer esteja acordado, quer dormindo

Em você noite e dia eu muito penso
Sentindo saudade se estou distante
Por você sinto sempre amor imenso
Pois és o que tenho de mais importante

Adoro com você muito me envolver
Do que tens de melhor desfrutando
Recebendo e te dando alegria e prazer
De felicidade até ao céu me elevando

Sem você comigo, o que de mim seria?
Um nada ou apenas um mesquinho ser!
Mas como você é a minha grande alegria
Eu encontro muitos motivos para viver

Tendo você comigo nada mais me falta
Porque você em tudo só me completa
E só de te ver a minha alma se exalta
Te amando já cumpro a minha meta

Para mim és um anjo do céu caído
Para a minha vida sempre realizar

Me fazendo sentir muito querido
Me amando e fazendo-me a amar

Em você eu já encontro o paraíso
Dada a felicidade que você me traz
Porque é tudo de que eu preciso
E contigo eu só tenho muita paz

Sua presença muito me fascina
Fazendo-me ficar emocionado
Pois és a minha linda menina
E com você me sinto realizado.

## Obrigado por você existir

Obrigado por você existir
Sendo tudo o que és para mim
Por sempre me fazer sorrir
Por me tratar tão bem assim

Só tenho que te agradecer
Por usar de bondade comigo
Dando-me alegria e prazer
Sendo para mim um abrigo

A ti devo uma eterna gratidão
Por tudo o que você já me deste
Me dando o amor do seu coração
Provando que me compreendeste

Da solidão você um dia me tirou
Chamando-me para o amor viver
Da minha tristeza você me libertou
Fazendo o meu passado esquecer

Me paparicando com muita doçura
Me dando todo o seu carinho
De mim afastaste toda amargura
Do meu pé tiraste um espinho

Hoje me sinto uma outra pessoa
Em relação a tudo o que fui
Porque só me fizestes coisa boa
Já que só isso você possui

Eu vivia sem muita perspectiva
Andando sem ter uma direção
Mas com você vivi na expectativa
De ter muita alegria e emoção

Hoje sou bem mais do que feliz
Tendo muita coisa que eu queria
Já que deste uma de boa atriz
Fazendo em mim raiar novo dia

Do meu sucesso você é a razão
E de toda a fama que eu adquiri
Me fizestes viver de pés no chão
Para conseguir o que consegui

Com você compartilho tudo isso
Pois você de tudo quis participar

Assumindo comigo o compromisso
De a qualquer obstáculo superar.

## De sonhos é que vivemos

De sonhos é que vivemos
Pois sonhar da vida faz parte
Até riqueza por eles obtemos
Inspirando-nos obras de arte

Sonhar é natural como comer
Mas temos que aprender a sonhar
Se quisermos na vida só vencer
Nossos ideais virmos a realizar

Quem sonha com sabedoria
Pode na vida coisas conseguir
Sobretudo saúde e harmonia
Para contra os males resistir

Da matéria dos sonhos sou feito
E respiro sonhos a todo instante
Sonhando eu me sinto perfeito
Mais que os animais importante

Sonhos são energias muito curativas
E através deles pelo universo eu viajo
Tendo sempre minhas expectativas
E sempre inspirado por eles é que ajo

Sem sonhos me sinto até muito vazio
Um rio sem água uma poesia sem rima
Na vida não venço a nenhum desafio
Com eles tudo na vida muito me anima

Se ao acordar meus sonhos esqueço
Sinto que até perdi todo o meu dia
Mas se os lembro é porque os mereço
Para viver um dia com sabedoria

Como Zé do Egito Freud Jung sonho
Buscando do saber o néctar o elixir
Para conseguir o a que me proponho
E dos meus objetivos nunca desistir

Como de Deus sou sonho realizado
Procuro também meus sonhos ter
Para que ao partir para o outro lado
Meus sonhos continuem a florescer

Para mim a vida terá valido a pena
Se quando eu partir sonhos eu deixar
Para na vida realizarem fazendo cena
Na vida de quem os mesmos estudar.

## Como é bom estar do seu lado!

Como é bom estar do seu lado
Sentindo a sua presença terna
Como quem está sendo amado
Já sentindo aqui a vida eterna

Você é o que de melhor existe
O que faz arder o meu coração
A felicidade que nisto consiste
Pois você é a minha realização

Do seu lado eu desfruto a paz
Sentindo-me já lá no paraíso
Em ti tenho tudo que me satisfaz
Pois tenho tudo o que eu preciso

Como eu gosto de a ti olhar
Sentindo a sua doce formosura
Sabendo que tu estás a me amar
Sempre me levando à loucura

Você é o máximo que posso ter
Nada me faltando de nenhum jeito
Só me restando ter que agradecer
Por ser a quentura do meu leito

Obrigado por ser quem tu és para mim
Por me dar só paz e muita alegria
Por ficar comigo do início até ao fim
Por ser minha certeza de harmonia

Sem você aonde eu iria chegar?
Uma vez que eu vivia sem rumo
Sem ter nem sequer como sonhar
Mas contigo tenho vida suprassumo

Sua vida na minha realização se fez
Só tenho felicidade e tudo de bom

Agindo com ponderação e sensatez
Sentindo que és o meu maior dom

Por você ficarei para sempre feliz
Pois você é o que de melhor eu tenho
Para mim és mais que uma boa atriz
Pois me leva a agir com desempenho

Tudo que me fez faz e me leva a fazer
É motivo para mais vivo eu me sentir
Pois me levas às dores poder esquecer
Podendo tudo ao meu redor vir a curtir.

## Meu coração bate forte por você

Meu coração por você bate forte
Só de pensar em ti a cada momento
Sentimento mais forte que a morte
E de tão forte eu já não aguento

Quando a ti vejo me estremeço
Sentindo no corpo grande calafrio
Sem a ti eu ver até me adoeço
Sentindo na alma grande arrepio

Seus olhos são duas bolas de fogo
Sua boca um vulcão a expelir chama
Contigo noite e dia faço o meu jogo
Jogando-o sempre em cima da cama

Seu beijo é mais doce que o mel
Seu prazer é gostoso igual chocolate
Seu carinho tira o meu amargo fel
Seu abraço igual vitamina de abacate

Seu sorriso me conforta na tristeza
Dando-me força pra sempre recomeçar
Fazendo a minha vida ficar uma beleza
Para poder sempre mais a você amar

Me sinto muito bem com você me amando
Mais ainda do que a comida e a bebida
Fico muito feliz com você me chamando
Com um carinho que cura até uma ferida

Estando ao seu lado tenho muita paz
Felicidade no dia a dia nunca me falta
Pois em ti tenho aquilo que me satisfaz
Só de encostar em ti o desejo me assalta

Meu paraíso é você por inteiro eu ter
Não me faltando nada do que preciso
Para não ter que jamais vir a sofrer
Vindo até mesmo a perder o meu juízo

Você é tudo o que um homem deseja
Já que tu tens tudo que me é necessário
Sobretudo o que adoro que é tua beleza
Coisa tão rara nesse sistema planetário

Reconheço que sou mesmo um felizardo
Por eu ter a você um dia conquistado

E como a justiça chego ainda que tarde
Para desfrutar amor e ficar do seu lado.

## De amor é que se vive

De amor é que de fato se vive
Pois o amor é o maior barato
Procure alguém que te cative
E faça o amor tornar-se fato

Amar é a melhor coisa que existe
O gesto mais nobre e mais sagrado
Quem ama nunca na vida fica triste
Sobretudo se também for amado

Ah eu adoro estar apaixonado
Pois assim sinto bater meu coração
Mesmo quando ele bate acelerado
Queimando o meu corpo de paixão

É o amor que me faz sentir bem vivo
A cada dia bem-disposto a ir à luta
Nada me faz sofrer ou ficar cativo
Tendo força pra vencer uma disputa

Só amando muito é que me realizo
Sentindo-me uma pessoa de verdade
Fazendo acontecer o que idealizo
Desfrutando de paz e de felicidade

O amor é uma grande chave mágica
Que a toda e quaisquer porta abre
Impedindo que a vida seja trágica
E nem que por nada ela se desabe

Se não existisse na vida o amor
Ele teria que ser um dia inventado
Pois é ele que cura ou alivia a dor
De quem ama ou se sente amado

Por isso é que nos diz o São João
"Deus é amor" conforme está escrito
É para que nossa vida tenha emoção
Sendo ele um eco resposta ao grito

Quem ama sente-se feliz e feliz faz
Àquele que é o objeto do seu amor
Transmitindo a ele só alegria e paz
Dando-lhe grande carinho e valor

Quem não ama sente grande vazio
Por não ter no peito essa boa chama
Que nos faz sentir até mesmo calafrio
Não nos deixando cair em podre lama.

## Como é bom sonhar com você

Como é bom com você sonhar
Tendo contigo linda fantasia
Elevando-me até me extasiar
Indo até ao reino da magia

Sonhando contigo eu viajo
Para além deste mundo cão
Às maldades sempre reajo
Para ter seu amor no coração

A amo pelo menos em sonho
Já que de fato não tem dado
Ser seu um dia te proponho
Para me sentir bem realizado

Nos meus sonhos você é real
Não uma mera e fútil miragem
E me ajudas a vencer todo mal
Transmitindo-me sua mensagem

Fantasiar contigo é meu prazer
Pois me sinto livre e eu de fato
Capaz de todos os males vencer
Seguindo o meu caminho exato

Se não fosse você outra seria
Mas como é você eu comemoro
Sentindo uma grandiosa alegria
Pois você sabe que a você adoro

Até você me leva a minha mente
Fazendo-me com você vir a sonhar
Porque já a ti amo até loucamente
Desejando contigo sempre ficar

Meu coração vive por aí afora a vagar
Por toda parte a você procurando

Louco para a você muitíssimo amar
Ainda que estiver apenas sonhando

Quão feliz eu fico sendo eu mesmo
Toda vez que me revelam os sonhos
Saindo à sua procura por aí a esmo
Tendo os sentimentos mais risonhos

Não sonhar com você ah que chato!
Perdi e não ganhei o meu lindo dia
Mas sonhar contigo é um barato
Pois me devolve minha harmonia.

## Eu te amo mais do que a mim

Eu te amo mais do que a mim
E é assim que me sinto bem
A ti amarei para sempre assim
Porque é assim que se convém

A ti amando me sinto amado
Pois a ti amar é a mim amar
Ainda que tenha sacrificado
Aquilo que me faz respirar

Adoro a ti me entregar
De corpo alma e coração
Para que possas em mim morar
Causando-me doce emoção

A ti tendo comigo tudo tenho
E por nada vivo lamentando
A ti agradar me desempenho
Sabendo que tu estás gostando

Meu hobby é a ti dar prazer
E nunca venhas me abandonar
Quero com você me envelhecer
Sabendo que irás me realizar

Tu és o amor que eu muito amo
E que a cada dia mais eu quero
Tendo você de nada eu reclamo
Pois tu és o que na vida mais venero

Você é um anjo que do céu caiu
Somente para em tudo me agradar
Tu és alguém que para mim surgiu
Somente para boa sorte me dar

Sou grato por sua ternurinha
Por todo o seu calor e paixão
Que faz toda essa vida minha
Ser mais do que grande emoção

Obrigado por seu grande carinho
Ao meu que a ti dedico resposta
De mim tu tiras qualquer espinho
Porque é assim que você gosta

Se assim sempre continuarmos
Com certeza seremos muito felizes

Para a sorte grande acharmos
Não tendo jamais na vida deslizes.

## Como é complicado amar!

Como é complicado amar
Pois implica um jogo fazer
Para não ter que magoar
Ou magoado ter que sofrer

Quando se ama muito se padece
Pois o amor em nós logo se aflora
De nós mesmos a gente se esquece
Se lembrando do outro a toda hora

O coração torna-se muito exigente
Querendo o desejo vir a satisfazer
Nossa alma fica mesmo tão carente
Que até poderemos logo vir morrer

Amando e também sendo amado
A vida passa a ter um outro colorido
Porque temos o outro do nosso lado
Como sendo esposa ou então marido

Quem ama pode fazer alguém feliz
Pode também muito feliz se sentir
Mas também pode sentir-se infeliz
Vindo para o outro ou pra si mentir

Quem não ama pode querer a amar
Predispondo-se para isso vir fazer
Pode também até mesmo se desesperar
E sofrendo vir a também fazer sofrer

Só dizer "eu te amo" não é de fato amar
Pois qualquer um pode isso vir a dizer
Amar é inteiramente vir a se entregar
Aos apelos que o amor pode vir a fazer

Amar é deixar falar bem alto o coração
Deixando a alma quieta e bem silenciosa
Para que sem fazer uso da nossa razão
Se possa ter uma relação bem gostosa

Amar implica o coração muito bem abrir
Para quem nele queira tão logo entrar
Vindo o que se quer tão logo conseguir
Que é na vida vir plenamente se realizar

Já que te amo cabe a ti também me amar
Para contigo o jogo do amor poder fazer
E assim tu venhas bem alto proclamar
O quanto bem maravilhosos podemos ser.

## Ao te amar ao céu eu fui

Ao te amar um dia ao céu eu fui
Sentindo-me uma pessoa muito feliz
Que mais do que dinheiro possui
Alguém que só coisas lindas diz

Nada de ruim eu sentia ou pensava
Porque tendo você eu tudo tinha
Estava feliz porque a você amava
E sabia que de fato você era minha

Quanta coisa boa pude imaginar
Contigo à noite me fantasiando
Podendo sempre com você sonhar
E todo o seu prazer desfrutando

Eu nem fome sentia como de normal
Pois você era o meu forte alimento
Que me nutria de forma sensacional
Elevando sempre o meu sentimento

Ah como era bom com você estar!
Sentindo-me um príncipe bem real
De um castelo podendo governar
Sem temer a nada nem mesmo ao mal

Contigo eu andava por toda parte
Sabendo que você por si me bastava
Fazendo do amor a minha doce arte
Mais do que tudo na vida a você amava

Eu sorria e cantava como ninguém
Sabendo que você era tudo para mim
Aquela que eu amava como convém
Com um amor que nunca teria um fim

Você só me fazia feliz e plenamente
Nada faltando em qualquer quesito

Em tudo e por tudo eu era contente
Até agradecendo ao Deus mui bendito

Como num conto de fadas eu me sentia
Tendo sempre o meu coração ardendo
Embalado pela mais elevada fantasia
Sem cogitar que estaria a ti perdendo

Mas infelizmente eu um dia te perdi
Sendo para mim motivo de decepção
Mas confesso que depois eu renasci
Ainda que tu sejas a minha paixão.

# A ti amo do fundo do meu coração

A ti amo do fundo do meu coração
Bem mais do que você pode imaginar
A ti amo tendo por ti uma louca paixão
Que esse amor não venha a se acabar

A ti amo como Deus ama esse universo
Por ele até mesmo com ciúmes zelando
A ti amo na minha prosa e no meu verso
De corpo e alma a você me entregando

A ti amo mais do que uma mãe ao filho
De você um só dia não me esquecendo
A ti amo sempre querendo ver seu brilho
Para que em tudo venças tô torcendo

A ti amo como a lua ama a escuridão
Para poder lá no infinito nos iluminar
A ti amo como Cristo amou a sua paixão
Para a humanidade ele poder salvar

A ti amo como a borboleta ama a flor
Para dela o seu néctar poder extrair
A ti amo como o Sol à Terra dá calor
Razão do meu e do seu agora existir

A ti amo como o povo aflito ama a paz
Querendo ver salva toda a sua nação
Te amo como ao faminto o pão satisfaz
Apenas querendo não morrer de inanição

A ti amo como o riozinho ama o mar
Buscando-o em meio aos obstáculos
A ti amo como quem ama sempre cantar
Nos palcos do mundo dando espetáculos

A ti amo como o cravo ama a sua rosa
Considerando-a a mais linda do jardim
A ti amo como ama o filho a mãe amorosa
Querendo que a sua vida nunca tenha fim

A ti amo como a fera ama sempre a presa
Sabendo que a sua vida depende da dela
A ti amo como a Miss Universo ama a sua beleza
Para ao mundo poder aparecer em uma tela

A ti amo como o seresteiro ama a noite de luar
Para poder fazer seresta para a sua amada

A ti amo como quem vai à guerra para lutar
Tendo como arma de defesa sua espada.

## Hoje não se deve mais "matar por amor"

Hoje não se deve mais "matar por amor"
Pois já evoluímos muito em relação a antes
Tendo em mente que temos em nós um valor
E saciar o desejo é coisa de seres pensantes

Acabou isto de que "você é minha" apenas
Ou também isto de que "você é apenas meu"
Não precisando mais matar e cumprir penas
Para salvar a honra, quer seja você, quer eu

Há hoje em dia até mesmo a troca de casais
Sem essa de fidelidade ao outro ou possessão
Importando, sim, compartilhar com os demais
Tudo aquilo que traz prazer e paz ao coração

Aquele que ainda mata por questão de ciúmes
Já perdeu o trem desta vida e até está por fora
Carregando na alma todos os seus azedumes
Sem se dar conta de que "quem sabe faz a hora"

O mundo é de quem ama e luta pela liberdade
E não de quem se aliena, escravo de tradições
Pois o que importa é buscarmos a felicidade
Liberando as energias dos nossos corações

De que nos adianta perder a paz e a liberdade
Matando por coisas que não têm mais sentido
Se tão logo nós partiremos para a eternidade
Sem termos nesta vida um só dia bem vivido?

Muitos mataram outros por coisas bem banais
Deixando-se levar por paixões cegas e doentias
Por não se darem conta de que são bem mais
Do que aquilo que achavam ser – cabeças vazias

O mundo deu uma reviravolta de noventa graus
Principalmente em se tratando de sexualidade
Então não dá mais para alguns serem tão maus
E terem que matar a outros exigindo fidelidade

Sexo hoje é algo como comer, beber, mijar, evacuar
Sem aquele tabu moral bem repleto de preconceito
Porque o que nos importa mesmo é poder desfrutar
Buscando o prazer sem essa de querer ser perfeito

Seremos julgados pelo amor que tivermos vivido
E não pela prática às vezes até hipócrita das leis
Que para nós e para muitos não tem mais sentido
Só para darmos uma de tiranos ou mesmo de reis.

## Você não me correspondeu

Você não me correspondeu
Sabendo que tanto a ti amava
Você somente se escafedeu
Sabendo que eu só penava

Você nem me disse um adeus
Me ignorando completamente
Com saudade dos beijos seus
Ficando quase que demente

A você sem nenhuma restrição
E por amor eu me entreguei
Mas tenho ferido o coração
Somente porque eu te amei

Me diz agora o que eu faço
Se a você eu não mais tenho
E sem o calor do seu abraço
Dizer-lhe tudo isso eu venho

Você bem que poderia maneirar
No seu grosseiro jeito de agir
Pois sabendo que eu ia chorar
Partiste sem de mim se despedir

Sei que nada demais eu a ti fiz
Pelo contrário muito eu te amei
E você não me fazendo feliz
Partiste para onde eu não sei

Eu te beijei e abracei com carinho
Acreditando que você me amava
Mas tu me dás agora só seu espinho
Quando o contrário acreditava

Por que você só me enganou
Me prometendo até o paraíso

Se agora você me abandonou
Agindo como se perdesse o juízo?

Me diga agora o que eu irei fazer
Para tranquilizar o meu coração
Se eu estou morrendo de sofrer
Por você sentindo grande paixão

Até quando eu irei isso aguentar
Viver sem ter você do meu lado
Tendo que noite e dia só chorar
Tendo meu coração transpassado.

## Você não me amou como eu te amei

Você não me amou como eu te amei
A ti me entreguei de corpo e alma
Pois por ti completamente gamei
Ao ponto de até perder a calma

Tu não provaste que me amava
Apenas tirou proveito da situação
Todo dia somente me enganava
Dizendo que por mim tinha paixão

Com doces palavras me seduziste
Ao ponto de por você eu me gamar
Mas um dia da minha vida partiste
Sem ter nem mesmo a quem apelar

Até guardei segredo do nosso amor
Porque você sempre desejou assim
A ti dei tudo o que tinha e meu calor
Para um dia você em tudo dar um fim

Nem dormia direito em ti pensando
Às vezes até mesmo deixando de comer
Sem pensar por ti acabei me apaixonando
Sem poder jamais de ti vir a me esquecer

Te amando eu achei que a Deus amava
Porque você me era muito significante
Noite e dia contigo eu me preocupava
Não me esquecendo de ti um só instante

Por que agiste com tanta crueldade
Não considerando nada do que te fiz?
Quando aparentava sentir felicidade
Mas já premeditando me deixar infeliz?

O que me disseste no coração guardei
E cada palavra só me fez sentir emoção
E tudo o que contigo eu um dia sonhei
Hoje para mim é só pesadelo e decepção

Sem você a minha cama está muito fria
Minha casa e toda a minha vida silenciosa
Acabou-se tudo e eu já não tenho alegria
Porque lá se foi aquela fase maravilhosa

Até no meu jardim as flores murcharam
Como eu de você tanta saudade sentindo

Pois nossos bons momentos enfeitaram
E agora só solidão é o que estou curtindo.

## Teu amor é a melhor coisa que existe

Teu amor é a melhor coisa que existe
Porque tu me fazes bem e muito feliz
De forma que não fico mais triste
Pois me consolas com o que me diz

Você me dá tudo de que eu preciso
Para viver de bem comigo mesmo
Sentindo-me aqui já no paraíso
E não mais vivendo por aí a esmo

Com você do meu lado eu sonho
Deixando vibrar o meu coração
E a ti fazer feliz eu me proponho
Para que não tenhas preocupação

A ti adoro e a ti amarei eternamente
A ti desejando tudo que há de melhor
Para que possas viver bem contente
Superando tudo o que há de tão pior

Você é um anjo lindo que do céu caiu
Somente para me dar muita alegria
Meu castelo de sonho você construiu
Dando-me tudo o que eu bem queria

Nem sei como a você agradecer
Seu carinho, seu amor e dedicação
Para que eu não venha a sofrer
Curando as feridas do meu coração

A ti amo do jeito que eu sei a ti amar
E sou muito feliz por me corresponder
E espero que nunca venha a se acabar
Tudo o que sempre me dá muito prazer

Só obrigado é o que agora eu a ti digo
Por tudo o que representas para mim
Paz, amor, realização e um bom abrigo
Para que eu me sinta desse jeito assim

Aconteça o que acontecer eu a ti quero
E sempre de coração eu irei querer
Demonstrando que muito a ti venero
Desejando todo o seu amor merecer

Ao seu lado tudo para mim fica bem
E posso a todo mundo isso vir a dizer
E muito a ti amo mais do que a ninguém
E quero com você por toda vida vir a viver

A ti digo que meu coração é todinho seu
Assim como tudo o mais que eu tenho
A ti amar muito você bem me convenceu
E sinceramente a ti dizer aqui eu venho.

## Por que você me abandonou?

Por que você um dia me abandonou?
Bem quando eu a você mais amava
E nem sequer em mim você pensou
Dizendo que entre nós tudo se acabava

De paixão não conseguia me conter
Mas você preferiu mesmo se mandar
Deixando-me triste e muito a sofrer
Correndo o risco de me desesperar

Você não sabe mesmo o que é amar
Pois só brincou com meu sentimento
Nem sequer parando para pensar
Já que viver sem você não aguento

Sofro, vítima de terrível solidão
Sem saber o que eu posso fazer
Pois você partiu o meu coração
Tirando minha paz e meu prazer

Nem sequer sorrir hoje eu posso
Porque a tristeza só me devora
Já que deu fim ao amor nosso
Deixando tudo para se ir embora

Com você se foi minha esperança
Bem como minha paz e meu sonho
De com você um dia trocar uma aliança
Tendo tudo o que há de mais risonho

Eu sempre acreditei no que você dizia
Pensando que me falava a verdade
Mas na verdade você só me mentia
Agindo comigo sempre com falsidade

Da minha família eu ouvi um monte
Por eu ter ido contra a sua vontade
Espero que isso para outros não conte
Para não aumentar a minha infelicidade

Agora só fossa é o que eu irei curtir
Não tendo mais o seu adocicado amor
Sempre me impedindo de poder sorrir
Por sentir tanta falta do seu calor

Que graça terá agora a minha vida
Se tenho o meu coração todo partido
Desde o dia da sua tristonha partida
Sabendo que já tem me esquecido?

## Que pena que tudo se acabou entre nós

Que pena que tudo entre nós se acabou
Justamente quando eu mais te amava
Feliz da vida porque você me conquistou
Sem perceber que você me abandonava

Eu era tão feliz ao seu lado a cada dia
Que nem percebi quem você de fato era
A minha vida era repleta só de alegria
Mas como você se foi eu estou uma fera

Será que o amor pode ódio se tornar
Uma vez que dizia me amar de paixão
E agora você parte até sem me avisar
Deixando partido o meu frágil coração?

Que te levaste a fazer tudo isso comigo
Se apenas todo dia a ti dei amor e carinho
Querendo ser para você um bom abrigo
Tirando do seu caminho todo espinho?

Me diz agora o que fiz que magoastes tanto
Que te levou a partir assim sem explicação
Causando-me muita admiração e espanto
Quando no meu peito por ti tenho paixão?

Agora só a solidão irá me acompanhar
Uma vez que aonde você foi parar não sei
Só me deixando o tempo todo a chorar
Esquecendo-se do quanto eu a ti amei

Sei que vou a ti amar por toda a minha vida
Mas me esforçarei para a ti esquecer
Uma vez que não terei uma outra saída
Se não quiser ficar a vida inteira a sofrer

Você foi tudo que de melhor a vida me deu
Mas também tudo de pior já que a ti perdi
Pois feriste a minha alma e o coração meu
E o porquê até o momento eu não entendi

O que lucraste com isso agindo como agiste
Se a ti amo e dizias também muito me amar

Sem se dar conta de que estou tão triste
E por toda parte sempre vou a ti procurar?

Não sei nem como consolar meu coração
Diante de tanta tristeza e de tanta dor
Só sei que por ti ainda morro de paixão
Tendo no meu peito um fogo abrasador.

## Será que ainda me amas como eu a ti amo?

Será que ainda me amas como eu a ti amo?
Eis a pergunta que vivo a me fazer
Teu nome dia e noite sempre chamo
Mesmo que isso não venhas perceber

Aonde estiveres saiba que penso em ti
Sentindo no peito um forte sentimento
Pois te esquecer ainda não consegui
E sempre estarás no meu pensamento

Você pode não mais estar me amando
Mas eu sempre te amei e vou te amar
Contigo sempre eu estou só sonhando
E para sempre de ti eu irei me lembrar

Você já pode até em outra estar
Pois não mais te vi e nem deste um sinal
Mas confesso que eu sempre irei te amar
Pois o amor me contagiou de forma total

Não sei mais nada de você há muito tempo
Pois sumiste de forma definitiva de mim
Mas por ti ainda tenho forte sentimento
E assim será até o dia que eu tiver um fim

Te amar foi tudo de bom que experimentei
Mas de você eu nunca ouvi isso me falar
E confesso que muitas vezes até chorei
Não tendo sequer com quem isso desabafar

Agora eu a ti pergunto: você ainda me ama
Como aparentemente isso você demonstrava
Ou do seu coração já apagou aquela chama
Que noite e dia por mim dizias que fumegava?

Você pode até não acreditar mais em mim
Agora depois que muito tempo já se passou
Mas a ti digo que a ti amarei até o meu fim
Uma vez que um dia você me conquistou

Pode em mim acreditar, pois falo a verdade
Eu a ti amarei enquanto durar a minha vida
E digo mais: até mesmo por toda a eternidade
Já que confesso que não tenho outra saída

E você o que tens a me dizer daí d'onde estás
Uma vez que não te ouço nem posso a ti ver?
Será que também por todo o sempre me amarás
Ou definitivamente irás pra sempre me esquecer?

Ou você ainda me ama até de paixão
Mas também não sabe por onde hoje eu ando

E deixas de molho o coitado do seu coração
Tendo na sua vida outro alguém no comando?


## Aqui ou no além te amarei

Aqui ou no além te amarei
Seja lá da forma que for
Para ninguém esconderei
Que por ti tenho só amor

Aqui a ti desejo de coração
E quero a ti dar só prazer
No além serás minha paixão
Caso aqui não possa a ti ter

Aqui sei que posso a ti amar
Para de fato feliz me sentir
Mas no além creio realizar
O que com você quis curtir

Aqui tudo pode ser possível
Basta que de fato queiramos
No além tudo é indescritível
Pois já não mais desejamos

Aqui posso de tudo te falar
Expressando o que penso
No além irei me desencarnar
Ficando só um vácuo imenso

Aqui posso a ti tocar e a ti ver
Sentindo bom cheiro e calor
No além a ti não darei prazer
E não sei se vais me dar amor

Aqui sentirei o seu doce olhar
Admirando a sua formosura
No além nem posso imaginar
Temendo de Deus censura

Aqui meu amor se faz bem real
Dependendo somente do seu
No além tudo é tão surreal
Sem certeza pro seu e o meu

Aqui nós nos complementamos
Dando-nos o que é bem preciso
No além somente interrogamos
Se será o inferno ou o paraíso.


## Te amo mas não te tenho

A ti amo mas não te tenho
O que me faz muito sofrer
E ao mundo dizer isso venho
Para aliviar o meu sofrer

A ti adoro como a meu Deus
Mesmo não a ti vendo aqui
Mas estás nos sonhos meus
Desde o último dia que a ti vi

Ah como dói não estar contigo
Sentindo sempre sua ausência
Para mim é um terrível castigo
E ninguém me tem clemência

Eu queria com você estar
Mas infelizmente não posso
Pois nem sei aonde te achar
Para viver o amor nosso

Minha vida não mais teve paz
Desde o último dia que a ti vi
Ninguém mais me satisfaz
E nesse tempo todo só sofri

A vida deixou de ser colorida
Meus dias sempre foram chatos
Minha alma sempre foi partida
Tendo pensamentos abstratos

Aquilo que senti por ti um dia
Nunca mais por ninguém senti
Nunca mais eu tive tanta alegria
Mas de viver eu nunca desisti

A ti carrego na alma e no peito
Até por onde quer que eu vou
Pois sinto por ti amor perfeito
Que nem o tempo o detonou

Não sei o que será de mim
Só sei que vou sempre te amar

Ainda que seja desse jeito assim
Sem esperança de com você ficar

Mas vou viver em função do amor
Porque ele é a razão do meu viver
Mesmo não tendo o seu grande calor
Jamais eu irei de você me esquecer.


## Oh meu Deus como eu te amo!

Oh meu Deus como eu te amo
E como eu te quero tanto
Noite e dia teu nome chamo
Pois tu és o meu encanto

Por ti bate forte meu coração
Desejando-te ardentemente
E já sinto uma ardente paixão
Não controlando minha mente

Minha alma queima de amor
Como um vulcão chamegando
No corpo sinto forte calor
Contigo só vivo sonhando

Nem fome sequer eu sinto
Pois teu amor me alimenta
Digo a verdade e não minto
Tal paixão arde como pimenta

Meu hobby é em ti pensar
Esquecendo até de mim mesmo
Prova de que estou a te amar
Sobretudo quando saio a esmo

Ah como por ti sou louco!
Tanto que digo a todo mundo
E considero isso muito pouco
Já que meu amor é tão profundo

Tu és o amor da minha vida
Um presente que de Deus me veio
És minha maior graça recebida
Da minha felicidade és um meio

Contigo sou mais do que feliz
Pois me dás tudo de que preciso
Emociono-me com o que me diz
Sentindo-me já aqui no paraíso

Tu és para mim toda a doçura
Que uma pessoa pode possuir
Por teu amor faço até loucura
Para não ter que dele desistir

Tu mudaste meu ser e eu o teu
Tu moras aqui no meu coração
Desde o dia em que me conheceu
Tu me trouxeste plena libertação.

## Meu cansaço é o descanso de Jesus

Meu cansaço é o descanso de Jesus
Que por mim um dia morreu na cruz
Para que eu cansaço não mais tivesse
Na santa missa ele de mim não esquece

Sei que é mui pouco para lhe oferecer
Diante do que ele por mim quis sofrer
Mas é um pouco do que posso lhe dar
Como prova de gratidão por ele me amar

Sofro no corpo e sofro também na alma
Porque ele sofrendo sempre me acalma
E porque sendo ele santo por mim sofreu
Sou muito grato porque por mim morreu

Como ele disse um dia "Se isso se fez comigo
O que não farão com quem é meu inimigo?"
Pois quem é pecador tem que se cuidar
Se não quiser que o pai venha a castigar

Faço do meu trabalho uma perene oferta
Para meu Jesus que me tem a porta aberta
Para na sua casa entrar e com ele cear
Da mesma forma a ele vivo a me ofertar

Meu estresse e tudo o que me faz sofrer
Estou sempre a Jesus com amor a oferecer
Sabendo que Ele não vai nunca recusar
Pois mesmo não precisando vai aceitar

A Deus Jesus fez a oferta de si mesmo
Para que não vivêssemos por aí a esmo
Mas tendo a salvação pudéssemos ter paz
Desfrutando com Ele de tudo que satisfaz

O que é meu sofrimento diante do seu
Uma vez que ele na cruz ao Pai se deu
Para que eu nunca precisasse isso fazer
Já que frágil eu poderia vir a desfalecer?

Trabalhando estudando ou mesmo sonhando
Sempre a Jesus vou tudo sem parar ofertando
Sabendo que ele está disposto a tudo aceitar
Ainda que tantas vezes deixe algo a desejar

Aceita Senhor o pouco que tenho para dar
Em forma de cansaço e de tudo a me angustiar
Já que o Senhor nada recusa de um ser pobre
Assim como também não recusa de um ser nobre.